Vous pouvez vous créer une VIE Exceptionnelle

Du même auteure :

Pensées pour réussir

Une pensée positive par jour

Semez du positif en vous

Les pensées du coeur

Transformez votre vie

Cahier pratique pour transformer votre vie

D'accord avec ton corps

Le moment présent 365 affirmations quotidiennes

D'accord avec ton corps A–Z

Couleurs et nombres

Petits miracles de la vie

Titre Original : *You Can Create an Exceptionnal Life*

Traduit de l'anglais par Éric Villeroc

ISBN : 978-2-8132-0434-9

www.editions-tredaniel.com

info@guytredaniel.fr

www.facebook.com/editions.tredaniel

Vous pouvez vous créer une VIE Exceptionnelle

LOUISE HAY
CHERYL RICHARDSON

Deuxième édition

GUY TRÉDANIEL ÉDITEUR
19, rue Saint-Séverin
75005 Paris

SOMMAIRE

Introduction

par Louise Hay

Durant de nombreuses années, j'ai notamment eu comme affirmation : *L'avenir ne me réserve que des bonnes choses*. C'est une pensée réconfortante qui me libère de toute peur du futur et me permet de me réveiller chaque matin en pleine confiance, en me sentant bien. Je suis le plus souvent ravie et émerveillée de voir de quelle façon la Vie me fait cadeau d'une nouvelle belle aventure.

Voilà donc comment je me sentais lorsque j'ai appris que Reid Tracy, PDG de Hay House, envisageait que Cheryl et moi écrivions un livre ensemble. Un large sourire s'est esquissé sur mon visage, tandis que l'idée se frayait un chemin dans ma conscience, révélant toutes ses possibilités.

Au départ, j'avais de nombreuses questions : sur quoi allions-nous écrire ? Comment se mélangeraient nos deux styles ? Et, sachant que nous vivons loin l'une de l'autre, la Vie nous donnerait-elle l'occasion de nous voir suffisamment ? Mais je n'ai pas tardé à comprendre que la Vie ne nous aurait pas soufflé une aussi bonne idée sans veiller à ses moindres détails pratiques. Et cela se confirma. Cheryl et moi nous sommes retrouvées dans plusieurs villes, à la fois ici et à l'étranger, et nous avons à chaque fois disposé du temps idéal pour écrire un chapitre ou deux. Lorsque nous n'étions pas ensemble, nous utilisions Skype – souvent en pyjama, sans mise en plis ni maquillage – et nous avions l'impression d'être malgré tout dans la même pièce.

Cheryl et moi avons toutes les deux opéré des changements positifs phénoménaux dans nos vies respectives, et nous avions envie de partager avec vous ce que nous avons appris. Chacun d'entre nous peut améliorer sa qualité de vie, en cultivant l'art de prendre soin de soi et en habituant son esprit à nourrir des pensées qui nous font du bien. Sitôt que nous y parvenons, nous attirons à nous de délicieuses expériences qui viennent enrichir notre vie.

Notre idée, à Cheryl et à moi, était de vous présenter ces méthodes de la façon la plus simple possible, afin que vous puissiez apprendre pas à pas à développer la paix intérieure, c'est-à-dire à vivre sans souci dans un corps sain, avec un revenu confortable, tout en savourant vos relations. En fin de compte, nous voulons vous indiquer comment passer de l'état de victime à celui de créateur d'une vie agréable.

À mesure que vous lirez ce livre, vous sentirez vos épaules se relaxer, vos sourcils se défroncer, et vos tensions et vos peurs se dissoudre, tandis que vous prendrez conscience qu'il y a de meilleures façons de vivre sa vie.

C'est le cheminement qui est agréable, et non de foncer jusqu'à destination. Nous vous aimons et nous vous offrons tout notre soutien pour cette nouvelle grande aventure que vous entreprenez avec vous, qui vous conduira à vivre une vie exceptionnelle !

INTRODUCTION

par Cheryl Richardson

Il existe une Énergie universelle, une Force divine qui nous crée, nous soutient, nous relie les uns aux autres et œuvre en coopération avec nos propres pensées, paroles et actions pour créer notre vécu. Lorsque nous reconnaissons cette puissance bienveillante, et que nous travaillons en partenariat avec elle, nous devenons maîtres de notre destinée. La formule est simple : *cultivez des pensées qui vous font du bien, faites des choix qui vous font du bien et posez des actes qui vous font du bien.* Puis, abandonnez-vous au résultat, en ayant l'assurance que la Vie vous procurera ce dont vous avez besoin pour évoluer et être heureux.

Cette formule toute simple a radicalement amélioré ma propre qualité de vie, et elle peut aussi améliorer la vôtre. Si vous l'utilisez et si vous avez confiance en elle, vous verrez votre existence se déployer de façon miraculeuse. Des opportunités extraordinaires de parachever votre vie vous seront offertes, qui vous permettront d'avoir un impact dans le monde. Ce livre représente l'une de mes propres opportunités extraordinaires.

C'était la fin d'après-midi et je m'apprêtais à dîner avec Reid Tracy, PDG de Hay House. Reid et moi nous nous connaissons depuis de nombreuses années. Récemment, nous avons même animé un atelier ensemble, à destination de professionnels souhaitant augmenter la portée de leurs activités. Ensemble, nous leur apprenons à écrire et à se faire publier, à parler en public, à passer à la radio et à la télévision, et à utiliser les réseaux sociaux pour développer un public pour leurs activités. Nous avons intitulé cet ateliers *Speak, Write & Promote : Become a Mover & a Shaker.* C'est pour nous une façon de transmettre nos connaissances, qui nous offre le privilège de former une nouvelle génération de leaders conscients, dans le domaine du développement personnel.

Tandis que nous commencions à manger, tout en parlant de l'évolution de notre atelier, Reid m'a prise de court en me faisant une proposition inattendue : « J'ai réfléchi à ton prochain projet, et je me demandais si ça t'intéresserait d'écrire un livre avec Louise ».

J'ai soigneusement reposé ma fourchette à côté de mon assiette et je l'ai regardé. « Louise Hay ? » lui ai-je demandé la bouche pleine de nourriture et d'une bonne dose de surprise.

« Oui », a-t-il fait en souriant, « Louise Hay ».

On considère Louise comme l'une des fondatrices du mouvement du développement personnel et une pionnière de la guérison psychosomatique, et cela fait 20 ans que je la connais. Pas personnellement, au début, mais par l'intermédiaire de ses livres et ses interventions publiques. Son livre, *Transformez votre vie*, paru en 1984, a été l'un des premiers à évoquer un lien entre une pathologie physique et une problématique émotionnelle correspondante. Je savais qu'il s'était vendu plus de 50 millions de ses livres et que des gens dans le monde entier avaient été influencés par son travail.

Tandis que je fixais Reid du regard, le terme « boucler la boucle » me vint à l'esprit. Écrire avec Louise Hay ? Je me mis à repenser à notre première rencontre. C'était au milieu des années 1980 et, à l'époque, j'étais une jeune femme qui se cherchait encore. *Transformez votre vie* a été le premier livre à me mettre sur mon chemin de guérison.

À l'époque, j'étais bénévole dans un endroit qui s'appelait Interface, à Cambridge, Massachusetts.

C'était un centre d'éducation holistique qui proposait un programme dispensé par des penseurs de pointe comme Marion Woodman, analyste jungienne et pionnière de la psychologie féminine ; John Bradshaw, l'homme qui a fait connaître en Amérique le terme de familles dysfonctionnelles, grâce à sa série télévisée sur PBS, *Bradshaw On : The Family* ; et Bernie Siegel, le chirurgien qui a incité les docteurs et les patients à considérer la guérison comme un processus englobant notre vie émotionnelle et spirituelle, en plus du corps physique. Louise devait donner une conférence sur son livre à Interface, et c'était moi qui devais la conduire de l'aéroport à son hôtel.

J'étais tout excitée à l'idée d'aller la chercher à la descente de son avion. J'étais à la fois enthousiaste et un peu angoissée de rencontrer quelqu'un qui avait eu un tel impact sur ma vie. Dans son livre, Louise racontait sa vie intime avec tant de courage et de vulnérabilité que je me sentais vraiment proche d'elle. La capacité dont elle avait fait preuve de transformer un passé de violence et de maltraitance en un présent de paix et de guérison m'avait inspirée à entreprendre mon propre cheminement vers la guérison. Elle m'avait également mise au défi d'envisager l'évolution d'un point de vue radicalement différent : si je voulais changer de vie, je devais tout d'abord changer de façon de penser. Cesser de me croire victime des circonstances. Il était temps pour moi de prendre le volant de ma propre vie en utilisant les outils pratiques qu'elle fournissait pour mettre en œuvre des changements positifs et durables.

Tout en me rendant à l'aéroport, je ne cessais de me dire que je devais modérer mon enthousiasme, éviter de la bombarder de questions et lui laisser tout l'espace nécessaire. À mon arrivée, j'ai vu que son vol de Californie était retardé, aussi suis-je restée deux heures à l'attendre, sans que mon enthousiasme faiblisse. Lorsque Louise est finalement arrivée, je me suis avancée vers elle et je me suis présentée. Elle a souri, m'a serré la main, et nous avons marché jusqu'à la voiture. C'est à peine si j'ai dit un mot jusqu'à notre arrivée à l'hôtel.

Dans les années qui suivirent, la vie nous a à nouveau réunies plusieurs fois, dans des circonstances très différentes. La jeune femme qui se cherchait dans les années 1980 était devenue une femme qui écrivait ses propres livres et entraînait désormais d'autres personnes à la découverte d'elles-mêmes. Louise et moi nous rencontrions désormais à des dîners d'auteurs offerts par sa maison d'édition, Hay House. Ces rencontres nous ont permis de nous connaître de façon plus personnelle et plus significative.

Au fil des ans, les moments que nous avons passés ensemble m'ont donné l'occasion d'observer quelqu'un qui, aujourd'hui encore, à 84 ans, continue de mettre en pratique – *avec zèle* – ce qu'elle enseigne. Louise illustre à merveille ce que signifie comment penser et vivre pour parvenir à se forger une vie exceptionnelle.

En réfléchissant à la proposition de Reid, je me suis tout d'abord dit, *Ce serait une occasion unique d'apprendre beaucoup de choses d'une femme qui a eu un impact gigantesque sur ma vie, comme sur celle de millions d'autres gens*. Il n'y avait pas de quoi se prendre la tête. J'étais prête à relever le défi rien que pour l'expérience que cela m'apporterait. Mais ce n'était pas tout. Ma vie continuait d'être influencée de manière non négligeable par la sagesse véhiculée par l'œuvre de Louise.

Durant l'année qui venait de s'achever, par exemple, j'avais adopté une pratique quotidienne tirée de ses enseignements sur les affirmations. Chaque matin, avant le début de ma journée, j'écrivais quelques pages dans mon journal et je terminais par une liste d'affirmations spontanées. Je me réjouissais chaque jour de ce rituel et je me demandais comment il allait influencer ma vie.

À peine avais-je adopté cette nouvelle discipline que je me suis mise à observer des changements tangibles. Je me sentais mieux toute la journée ; j'avais davantage d'enthousiasme ; il m'était aussi plus facile de me détourner mentalement des choses qui m'irritaient, pour opter pour des pensées agréables. En outre, plus je continuais, plus je prenais conscience de besoins personnels plus profonds. Au bout de quelques mois, je me suis mise à discerner certains thèmes et motifs dans les affirmations que j'élaborais. En effet, certaines d'entre elles revenaient sans cesse, m'indiquant les expériences que j'avais soif de connaître dans ma vie. Il y en avait notamment une qui tenait le devant de la scène :

Je travaille en collaboration, de manière créative,
avec des personnes inspirantes sur des projets
qui contribuent à la guérison de la planète.

Au départ, cette affirmation me surprenait. De tempérament plutôt indépendant – en fait, ayant besoin de tout contrôler – je préférais assumer toutes les responsabilités et faire les choses à ma guise. Mais cette façon de faire commençait à me paraître solitaire et de moins en moins satisfaisante. J'avais de plus en plus envie de travailler avec des gens qui me remettent en question et qui m'inspirent, plutôt que d'avancer toute seule. Je constatais maintenant que la Vie avait tenu compte de mes envies. Le pouvoir de la concentration de mon énergie manifestait désormais quelque chose de neuf.

En réfléchissant davantage à la proposition de Reid, j'ai pris la décision de franchir la porte qui s'ouvrait devant moi. « Oui, j'adorerais écrire un livre avec Louise », lui ai-je répondu. « Quelle est l'étape suivante ? »

Quelques semaines plus tard, Louise et moi nous sommes rencontrées pour discuter. Nous avons convenu qu'écrire un livre ensemble serait une bonne idée, et nous avons décidé de faire ce que seuls l'âge et l'expérience pouvaient nous inspirer : *faire confiance à la Vie*. Plutôt que de faire un plan, nous allions laisser le livre se révéler à nous. Tout en animant divers événements en Amérique du Nord et en Europe, Louise et moi avons pu avoir plusieurs conversations intimes, de cœur à cœur, où nous avons parlé des principes spirituels qui ont façonné notre vie. Si j'ai écrit ce livre de mon point de vue, il reflète une expérience commune où nous avons parlé de tout, de s'aimer soi-même et son corps à la façon d'aborder diverses questions, y compris le vieillissement et une approche de la fin de notre vie sur Terre dans la dignité et la paix.

Nous espérons sincèrement que ces conversations vous inciteront à développer des habitudes spirituelles qui vous aideront à vivre une vie exceptionnelle. Si vous le faites, vous ne tarderez pas à découvrir la vérité que Louise et moi considérons comme la plus importante et la plus universelle de toutes : *La Vie vous aime !*

CHAPITRE 1

Répondre au téléphone et ouvrir le courrier

J'étais chez moi, dans le Massachusetts, observant par la fenêtre le paysage tout gelé, prête à appeler Louise dans sa Californie ensoleillée. À côté de mon ordinateur se trouvait une tasse remplie de mon thé favori – un mélange Fortnum & Mason Royal – auquel j'avais ajouté la dose parfaite de lait d'amande crue, fait maison. J'étais impatiente de démarrer ce projet commun.

Quand nous avons programmé cet appel, j'ai tout d'abord été surprise que Louise suggère d'utiliser Skype, pour que nous puissions nous voir tout en parlant. *Skype ?* me suis-je dit. *Vraiment ?* Cela faisait à peine un an que je m'étais mise, moi aussi, à utiliser ce logiciel. Je découvrais à quel point Louise, du haut de ses 84 ans, était toujours dans le coup. On n'allait pas s'ennuyer !

Dans l'idée de connaître Louise beaucoup plus intimement, et de commencer à me frayer un chemin dans ce projet, j'avais hâte qu'elle me raconte son parcours personnel. Je me demandais ce qui l'avait poussée à entamer un cheminement de développement personnel. Et quels avaient été ses repères en chemin ? Qu'est-ce qui l'avait poussée, aussi, à créer une entreprise qui avait eu un impact aussi phénoménal sur la vie de millions de personnes dans le monde entier ?

Ma curiosité n'était toutefois pas sans quelques réserves. Je savais que Louise avait déjà raconté son histoire plusieurs fois, notamment dans *Transformez votre vie*, et au cours de nombreux ateliers et conférences. Et, pour avoir moi-même abondamment parlé de ma propre vie, je sais qu'il est ennuyeux de répéter la même chose pour la 400e fois. J'avais donc envie qu'elle me parle de sa vie sous un jour nouveau. J'étais impatiente de découvrir la sagesse que l'âge et l'expérience lui avaient procurée.

Avec une intuition dont j'ai progressivement découvert l'acuité, Louise a abordé mes préoccupations dès notre premier échange. « J'ai déjà raconté mon histoire dans mes livres, aussi je pense qu'il est inutile d'en reparler. J'ai plutôt songé à tout ce qui se rapporte à mon évolution spirituelle, par contre, et je me suis dit qu'on pourrait parler de ça. »

J'ai pris une grande inspiration et j'ai souri. « Super », lui ai-je dit. « Je suis tout ouïe. »

À l'heure convenue, j'ai cliqué sur le nom de Louise, puis sur le bouton vidéo, et nous nous sommes connectées. Elle était bien là ! Un sourire lumineux aux lèvres, les lunettes perchées sur le nez, assise bien droite sur sa chaise, de toute évidence prête à passer aux choses sérieuses. Après avoir papoté quelques minutes, nous nous sommes mises au travail. J'ai mis mon iPhone en position d'enregistrement, j'ai posé mes doigts sur le clavier pour pouvoir prendre des notes, et je me suis mise à écouter attentivement, tandis que Louise abordait ma première question : *Qu'est-ce qui t'a incitée à entamer un cheminement spirituel ?*

« Mon chemin spirituel a débuté quand j'avais environ 42 ans », se lança-t-elle. « J'étais mariée à un Anglais tout à fait délicieux qui m'avait donné l'occasion d'apprendre les bonnes manières et la façon de se comporter dans le monde, choses qui m'avaient fait défaut dans mon enfance. J'avais grandi dans une famille violente, nous n'allions jamais nulle part et ne faisions jamais rien. Je me suis enfuie de chez moi à l'âge de 15 ans et si j'ai effectivement appris quelques techniques de survie, je n'avais aucune aptitude pour bien vivre dans le monde. Alors, quand j'ai épousé cet homme très mondain, qui possédait les meilleures manières, j'ai beaucoup appris de lui. Nous avons fait toutes sortes de choses merveilleuses ensemble, et au moment même où je me disais que les bonnes choses pouvaient finalement durer et que nous resterions sans doute ensemble pour toujours, il me demanda le divorce. J'en ai été sérieusement ébranlée. »

– Mon Dieu, ça a dû être horrible, lui ai-je dit.

« Oui. Mon mari était quelqu'un de très en vue, aussi notre divorce a-t-il fait la une de tous les journaux. Ce moment a été très douloureux, parce que je me suis aussitôt dit, « Tu vois ? Une fois encore, tu n'es pas fichue de faire les choses comme il faut ! ». Mais aujourd'hui, avec le recul, je vois que ce mariage a été une porte importante dans ma vie, qu'il me fallait refermer pour pouvoir passer à l'étape suivante. Si je n'avais pas divorcé, je ne serais jamais devenue cette Louise Hay là. Je serais plutôt restée la petite femme anglaise modèle : une très bonne épouse, d'après l'idée que je m'en fais, mais certainement pas qui j'étais censée devenir. Il était temps que cela prenne fin. »

En écoutant Louise, j'ai pensé à ce signal d'alarme, à cet appel bien connu, à cette rupture brutale, soudaine et inattendue qui vient parfois secouer une vie léthargique. Cela m'était déjà arrivé plusieurs fois avant que je finisse vraiment par me réveiller : des ruptures amoureuses à vous briser le cœur, la honte ayant accompagné un licenciement imprévu, sans oublier un véritable incendie qui avait ravagé notre entreprise familiale. D'ailleurs, c'est justement ce feu qui m'a finalement fait sortir de mon sommeil profond et m'a fermement mise sur mon chemin spirituel.

« C'est un an plus tard, après avoir traversé le deuil de mon divorce, qu'une nouvelle porte s'est ouverte », poursuivit Louise. « Une amie m'a invitée à une conférence de l'église de la science religieuse, à New York. Elle m'a demandé de l'accompagner, car elle ne voulait pas y aller seule. J'ai accepté, mais à mon arrivée, elle n'était pas là. Il me fallait donc décider si je restais ou non, et j'ai décidé d'y aller. Me voilà donc assise à cette conférence et j'entends soudain quelqu'un dire, « Si vous êtes prêt à changer de façon de penser, vous pouvez changer de vie ». Ça peut paraître une petite phrase sans importance, mais pour moi c'était gigantesque. Ce propos a tout de suite capté mon attention. »

Je lui ai demandé si elle savait pourquoi elle avait jugé cela si important, mais elle a reconnu qu'elle n'en savait rien. « Je ne sais pas pourquoi ces mots ont retenu mon attention, car j'étais quelqu'un qui n'avait jamais rien étudié. Je me rappelle que j'avais une amie qui insistait toujours pour que j'aille suivre des cours à YWCA (Young Women's Christian Association), mais ça ne m'intéressait pas. Par contre, dans ce que j'entendis ce soir-là, quelque chose trouva un écho en moi et je pris la décision de revenir. Aujourd'hui, je vois combien il était parfait que mon amie ne vienne pas. Si elle était venue, j'aurais certainement vécu les choses autrement. Comme tu peux le constater, tout est parfait. »

Tout est parfait. Quand Louise a dit cela, j'ai pris conscience qu'entendre ces mots-là, c'est comme entendre qu'il y a une raison, un sens, à tout ce qui arrive. C'est un message plutôt dur à avaler quand on est confronté à une tragédie ou à des souffrances, quelles qu'elles soient. Mais en apprenant à discerner la perfection sous-jacente de nos moments même les plus difficiles – chose que l'on n'arrive à faire que rétrospectivement, au début – on finit par faire confiance à la Vie. On parvient à comprendre que même si on n'aime pas l'issue qu'a prise telle situation, par exemple, la Vie nous entraîne vraisemblablement vers une destination nouvelle, plus juste et plus bénéfique.

Il y a une raison à tout ce qui arrive ou *Tout est parfait* sont des croyances qui découlent de la décision de considérer la Vie comme une école. Quand on décide de devenir un étudiant de la Vie, quelqu'un qui apprend et évolue grâce à son vécu, on constate qu'il y a effectivement une raison à tout ce qui nous arrive. De la sorte, nous parvenons à faire en sorte que même nos moments les plus difficiles aient un sens, en apprenant à nous en servir à notre avantage, spirituellement parlant.

Louise poursuivit. « Après cette première fois, je suis retournée régulièrement dans cette église pour y écouter des conférences. Je voulais en apprendre davantage. J'ai découvert qu'ils offraient un programme de formation d'un an et j'ai décidé de devenir étudiante et de m'y inscrire. À ma première formation, je n'avais même pas le livre qu'il fallait, alors j'ai simplement écouté. Puis, j'ai refait une seconde fois tout le programme, mais cette fois avec le livre. J'ai commencé très lentement, mais je me suis astreinte à continuer. Trois ans plus tard, j'étais éligible pour devenir à mon tour praticienne certifiée, ce qui signifiait que je pouvais devenir conseillère ecclésiale. »

Que fait au juste un conseiller ecclésial ? lui demandai-je.

« Durant les séances prévues pour cela, des gens venaient me voir avec un problème – une maladie ou un problème financier, par exemple – et je leur proposais un "traitement". Le traitement était notre forme de prière à nous. Par cette prière, nous reconnaissions qu'il existe un Pouvoir Infini et que nous faisons partie de cette Intelligence. Nous déclarions alors la vérité – l'issue que nous souhaitions – d'une manière positive. Par exemple : *Mon corps est en bonne santé et libre de toute maladie,* ou *Il existe une abondance illimitée à disposition de ma famille et moi-même.* Puis, nous terminions notre prière en disant, « Ainsi soit-il ». À dater de cet instant, lorsque la personne repensait à son problème, elle devait utiliser sa peur ou son inquiétude comme un pense-bête pour se souvenir d'affirmer que la Vie s'en occupait et que tout irait bien. »

Cette façon d'administrer un traitement m'était très familière. Entre 20 et 30 ans, je m'étais passionnée pour les leaders de la Nouvelle Pensée comme Catherine Ponder, Florence Scovel Shinn, Norman Vincent Peale et Robert Collier. Et entre 30 et 40 ans, mon meilleur ami, Max m'avait passé un livre du Dr Emmet Fox, pasteur de la Nouvelle Pensée, qui s'intitulait *Le sermon sur la Montagne.* Ce livre avait radicalement changé ma façon de penser et m'avait poussée à étudier plus intensément l'œuvre de Fox. Un autre de ses livres, *Power through constructive thinking,* est littéralement devenu mon mode d'emploi pour la vie durant un an. J'en ai étudié le moindre mot et j'ai mis en pratique ses enseignements sur l'art d'administrer un traitement en puisant à la Source universelle du pouvoir qui nous est accessible.

« J'adore Emmet Fox », me confia Louise. « C'était un homme bon. J'ai beaucoup apprécié son œuvre et je m'en suis continuellement servi dans ma propre vie. »

Se référant à nouveau à son activité de conseillère ecclésiastique, Louise poursuivit, « Après avoir terminé ma formation et commencé à travailler avec des gens, j'ai rapidement développé une clientèle. La plupart des conseillers ecclésiastiques officiaient les week-ends ou en soirée, mais en l'espace de trois semaines je travaillais à plein temps. C'était incroyable. Les gens étaient littéralement poussés vers moi et voulaient travailler avec moi. »

Que faut-il en conclure ? Pourquoi tant de résultats, si vite ?

« Je ne sais pas. Dès le jour où j'ai mis le pied sur mon chemin spirituel, j'ai eu le sentiment de ne plus rien contrôler, et que de toute façon c'était inutile. La vie m'a toujours procuré ce dont j'avais besoin. Et je n'ai fait que réagir à ce qui se présentait. Souvent, les gens me demandent comment j'ai lancé Hay House. Ils veulent connaître tous les détails, depuis le début jusqu'à aujourd'hui. Et je réponds toujours la même chose : j'ai répondu au téléphone et j'ai ouvert le courrier. J'ai fait ce qui se présentait à moi. »

Je voyais très bien de quoi voulait parler Louise. Même si j'étais moi-même sur mon chemin spirituel depuis l'âge de 25 ans environ, ce n'est pas avant 40 ans que j'ai commencé à *répondre* à ce que me proposait la Vie, plutôt qu'à vouloir la diriger. Entre 20 et 40 ans, j'avais très à cœur de me fixer des buts. Je dressais des listes de mes buts professionnels, financiers, relationnels et autres ; et j'élaborais ensuite des plans d'action et des cartes au trésor, pour aller dans le même sens. Quand j'y repense, je me dis que c'était des outils merveilleux qui m'ont permis de canaliser toute mon énergie créative, mais à un certain stade, les choses ont changé. Quelque chose a bougé en moi. Même si je faisais encore des cartes au trésor – des tableaux de vision ou des collages avec des images qui me faisaient du bien et indiquaient ce à quoi j'aspirais – j'ai perdu tout intérêt pour la chasse au succès et j'ai commencé à me soucier davantage de la direction vers laquelle la Vie m'entraînait.

« C'est ainsi que j'ai vécu », convint Louise. « C'est comme si la Vie s'occupait de tout, une chose à la fois. Donc, mon entreprise a commencé avec seulement moi et ma mère, âgée de 90 ans à l'époque, qui était très efficace pour fermer les enveloppes et lécher les timbres, puis elle s'est progressivement développée à partir de là.

« Quand j'y repense, je vois comment la Vie a mis sur mon chemin exactement ce dont j'avais besoin. Après mon divorce, par exemple, j'avais un petit ami qui était metteur en scène. Il faisait partie du théâtre hispano-américain de New York. J'ai travaillé avec lui et certains de ses acteurs durant un an. C'était du théâtre expérimental et je me suis retrouvée à faire des choses que je n'aurais jamais imaginées avant. Quand ce metteur en scène est retourné en Espagne, je suis restée et j'ai fini par jouer dans une pièce qui m'a permis d'obtenir ma carte de l'Actors' Equity Association. Dès le jour où j'ai enfin reçu cette carte, qui représentait beaucoup à mes yeux, tout a pris fin. Plus personne ne m'appelait, on ne voulait plus de moi. Mais comme je n'avais pas fait du théâtre dans l'intention d'en faire une carrière, je m'en fichais. »

En quoi le théâtre illustre-t-il comment la Vie t'a toujours procuré ce dont tu avais besoin ?

« Il m'a permis de me préparer à parler en public, comme je l'ai fait par la suite. Quand j'ai fait mes premières interventions, cela ne me faisait pas peur, parce que je m'étais déjà ridiculisée sur scène. Et les gens aimaient ça. Je me suis rendu compte que parler en public, c'est comme faire du théâtre, sauf que c'est moi qui écris mon rôle. Je n'ai plus à faire ce quelqu'un d'autre exige de moi ; je fais ce que *je* veux. »

Donc tu travaillais à plein temps comme conseillère et les gens semblaient attirés vers toi comme des mouches. Comment ton travail a-t-il évolué à partir de là ?

« L'une des choses sur lesquelles on travaillait, à « l'école de la science religieuse » (j'appelle ça une école), c'était les maladies et leurs équivalents mentaux. Cela me fascinait. Je me rappelle que je prenais des notes. Et, à un certain stade, j'ai fait une liste de tout ce que j'avais trouvé dans les livres, des idées qui me venaient et aussi de ce que j'observais chez les gens avec qui je travaillais. J'appelais cela la liste. Je l'ai partagée avec une personne dans mon cours et cette femme m'a dit, « Louise, c'est incroyable ! Pourquoi n'en fais-tu pas un petit livre ? »

« Alors j'ai fait un livret de 12 pages, sur lequel j'ai mis une couverture bleue. Je l'avais intitulé *What Hurts* (Qu'est-ce qui fait mal), mais il a fini par être affectueusement surnommé le « petit livre bleu ». On y trouvait chaque maladie, les tournures d'esprit mentales susceptibles d'y avoir contribué et un bref traitement destiné à soigner ces structures mentales négatives. Je me revois encore aller voir le Dr Barker, directeur de l'école, pour lui montrer ce que j'avais réalisé. Il m'a dit, « Oh, Louise, quelle bonne idée ! Combien en as-tu tiré ? Une cinquantaine ? » Et je lui ai répondu, « Non, j'en ai imprimé 5000 ». Et il m'a dit, « Quoi ? Tu es folle ? Tu n'en vendras jamais autant ! »

« Si j'en avais imprimé 5000, c'est parce que j'avais découvert, via l'imprimeur de l'église, que plus on en fait, moins ça coûte cher à l'unité. Alors pour 5000, ça me revenait à 25 cts l'exemplaire. Et moi, je le vendais 1 $. Je n'avais pas fait ça pour gagner de l'argent, cependant : je voulais juste partager des informations avec les autres. Mais j'ai effectivement fini par vendre tous les 5000 ! ».

Donc, le fait que le Dr Barker ait cru que tu étais cinglée ne t'a pas découragée ?

« Non. J'ai poursuivi ma route. Dès que j'ai eu le petit livre bleu entre les mains, j'en ai envoyé un exemplaire gratuit à chaque église métaphysique que je dénichais, et elles furent nombreuses à m'en acheter d'autres. Puis des gens se sont mis à en commander ici et là. La progression s'est faite lentement. La première année, j'ai gagné 42 $. J'étais si fière d'avoir un livre ! Pour moi, c'était vraiment quelque chose qui semblait surgi de nulle part. Je ne savais pas que j'en étais capable, et en deux ans j'avais vendu mes 5'000 exemplaires. C'est là que je l'ai entièrement récrit.

« J'allais dans la librairie de l'église et j'observais les gens. Et j'avais remarqué que si les gens prenaient mon livre, en général, ils l'achetaient. Mais la plupart des gens ne le prenaient pas, alors j'ai pris conscience qu'il me fallait un meilleur titre. Je l'ai donc renommé *D'accord avec ton corps* et j'en ai développé le contenu. À ce stade, beaucoup de gens m'écrivaient pour me poser des questions sur leur santé et leur vie, et, assise devant l'une des premières versions de traitement de texte, je réfléchissais à ce qu'ils me disaient et je laissais mes doigts écrire. Et j'ai constaté que chaque fois que je répondais à une lettre, les gens me répondaient à leur tour en disant, « Comment le saviez-vous ? *Comment* le saviez-vous ?! ». Du coup, j'ai pris confiance en ce que j'écrivais. J'ai fini par quitter l'église et j'ai développé ma propre façon de travailler avec les gens. »

Comment a évolué ta façon de travailler, après avoir quitté l'église ?

« J'avais pour habitude de faire des thérapies courtes – cinq ou six séances – parce que soit les gens comprenaient ce dont je parlais et leur vie changeait, soit ils ne comprenaient rien et il était inutile qu'ils perdent leur temps et leur argent. Certaines personnes n'y arrivaient pas : elles venaient une fois ou deux et trouvaient tout cela stupide. Mais ceux qui comprenaient, ou tout au moins qui faisaient l'effort de mettre ces choses en pratique, voyaient effectivement leur vie s'améliorer.

« On faisait une séance et vers la fin, je leur demandais de s'allonger et je mettais de la musique douce : j'utilisais du Steven Halpern, car je ne m'en lassais pas et sa musique est très apaisante. Puis je demandais aux clients de fermer les yeux et de faire des respirations profondes, tout en les invitant à se relaxer, soit de la tête au pied, soit l'inverse. Enfin, je leur administrais un traitement. Je l'enregistrais sur cassette et ils pouvaient l'emporter chez eux. S'ils revenaient, je leur demandais de rapporter la cassette pour que je puisse y rajouter de nouvelles choses. Les gens finissaient par avoir une cassette remplie de messages positifs que je leur demandais d'écouter tous les soirs avant de s'endormir, pour renforcer le traitement. Ils savaient que dès qu'ils prenaient le temps de l'écouter, ils pouvaient se détendre et n'entendre que des choses positives qui leur étaient destinées. »

Donc, tu développais ta propre façon de travailler avec tes clients et tu as publié ton premier petit livre. Et ensuite ?

« Eh bien, c'est à peu près à cette époque qu'on m'a diagnostiqué un cancer. Bien sûr, j'en ai été terrorisée comme n'importe qui d'autre. Ça fait toujours cet effet, quand on se découvre une telle maladie. Et je me rappelle avoir appelé mon prof et lui avoir dit en pleurant, « Éric ! Éric ! Ils disent que j'ai le cancer ! ». Et il m'a dit, « Louise, tu ne peux pas avoir fait tout ce travail sur toi pour mourir de cancer. Optons pour une approche positive. » Et ça m'a tout de suite calmée. C'était quelqu'un en qui j'avais confiance et je savais qu'il était de mon côté. C'est ainsi qu'a débuté ma guérison. »

Mais j'imagine qu'en travaillant avec tes clients, tu dois avoir entendu certains d'entre eux te dire qu'ils se sentaient mieux ou qu'ils s'étaient guéris grâce à tes conseils. Est-ce que cela ne t'a pas procuré une certaine paix intérieure pour aborder ta propre maladie ?

« Oui, mais c'était une chose que d'observer des améliorations chez autrui, et une autre que d'y croire dans mon cas, maintenant que j'étais confrontée à une maladie potentiellement mortelle. J'ai pris conscience que la Vie me donnait l'occasion de me prouver à moi-même que ce que j'enseignais marchait vraiment. »

Donc, tu as été informée de ce diagnostic et tu t'es mise à t'exercer sur toi-même ?

« En réalité, c'était merveilleux, car tout ce dont j'avais besoin m'était fourni aussitôt, tant j'étais déterminée à me guérir. J'ai trouvé un nutritionniste qui, au départ, ne voulait pas me traiter, parce qu'on n'était pas censé guérir le cancer autrement que par la chimiothérapie. Il rechignait à me proposer une autre approche. Je me rappelle qu'il m'a dit de retourner dans la salle d'attente et d'y attendre un peu. Il a vu quelques autres patients puis m'a fait revenir. Nous avons discuté et il a découvert que j'appartenais à l'église de la science religieuse. Il s'est avéré qu'il en était aussi membre et soudain tout a changé. Il m'a prise comme patiente et j'ai énormément appris sur la nutrition, dont je ne connaissais rien à l'époque. Mon alimentation n'était pas très bonne, en ce temps-là.

« Après avoir trouvé ce nutritionniste, j'ai déniché un bon thérapeute et je me suis beaucoup occupée de tous mes problèmes d'enfance qu'il me fallait guérir. J'ai beaucoup crié, frappé des coussins, etc., pour exprimer ma colère. J'ai aussi découvert que le pardon était étroitement lié à la guérison, et qu'il me fallait apprendre à pardonner. J'avais du nettoyage à faire. »

J'ai interrompu Louise avant de poursuivre, me demandant si nous pouvions parler de pardon un petit moment. Je savais qu'elle avait eu un passé particulièrement violent et je lui ai demandé si le travail de détoxication émotionnelle qu'elle avait entrepris avec son thérapeute était survenu avant ce processus de pardon. Si je voulais lui poser cette question, c'était parce que j'ai pu observer que les gens tentent souvent de précipiter la phase de pardon, dans l'espoir d'éviter les sentiments douloureux qui se manifestent lorsqu'on est confronté à une trahison, une perte ou à diverses formes d'abus et de maltraitance.

« Oui, il me fallait tout d'abord guérir », répondit Louise. « Ce dont j'ai pris conscience, et ce sur quoi je me suis beaucoup concentrée, c'est que mes parents, à leur naissance, étaient de magnifiques bébés. Il me fallait voir comment ils étaient passés de ce stade d'innocence à celui où ils m'ont maltraitée. Tant bien que mal j'ai mis mal bout à bout les morceaux de leur histoire – ceux qu'on m'avait racontés, du moins – et j'ai découvert que mes parents avaient été élevés dans des conditions horribles. Si l'on fouille le passé de certaines des personnes les plus abominables au monde, on trouve toujours une enfance absolument effroyable. Certaines personnes, comme moi, finissent par vouloir aider les autres ; d'autres cherchent à être quittes. Mais on ne parvient jamais à être quitte. J'ai pu pardonner à mes parents, parce que j'ai compris leur vie. »

Donc, pour te guérir du cancer, tu as fait appel à un nutritionniste et à un thérapeute, et tu t'es entraînée à pardonner. Quoi d'autre ?

« Sitôt que j'ai acquis la certitude que je pouvais guérir, c'est comme si tout ce dont j'avais besoin venait à moi. Il arrivait des petits trucs bizarres. Par exemple, j'avais entendu dire que la réflexologie plantaire est un excellent moyen d'éliminer les toxines du corps. Un soir, alors que j'étais à une conférence, j'ai décidé de m'asseoir tout au fond, alors que je me mets généralement devant. À peine deux minutes plus tard, un homme arrive et s'assied à côté de moi : il s'avère qu'il est réflexologue ! Quand j'ai su qu'il travaillait à domicile, se déplaçant chez les gens, j'ai su que je devais le rencontrer. Alors, je lui ai demandé de venir chez moi trois fois par semaine. Cela faisait partie de ce dont j'avais besoin. Je me rappelle qu'au début, quand il me touchait les pieds pour tenter d'éliminer mes toxines, on aurait dit qu'ils étaient en verre. »

Donc, ta guérison est passée par un processus holistique impliquant le corps, les pensées et les émotions ?

« Oui. Six mois plus tard, je suis retournée chez le docteur et il n'y avait plus trace de cancer. Parti ! À ce stade mon intuition me disait déjà que j'étais guérie, mais je voulais une confirmation médicale. Quand je l'ai eue, j'ai senti qu'on pouvait guérir de n'importe quoi, pour peu qu'on soit prêt à faire ce qu'il faut. »

J'ai dit à Louise que j'appréciais qu'elle reconnaisse que sa guérison avait été le fruit d'un processus holistique qui ne se limitait pas à « cultiver de bonnes pensées » pour faire partir son cancer.

« Non, c'est un tout », admit-elle. « Si vous arrivez à avoir la certitude que vous pouvez guérir, l'aide appropriée vous sera offerte. Ensuite, il faut être prêt à faire le travail nécessaire. »

Comment fait-on pour se mettre en position d'attirer ce dont on a besoin pour guérir ?

« Il faut tout d'abord changer de façon de penser à son problème. Nous avons tous certaines idées sur la guérison et sur la façon dont les choses peuvent se faire ou non. Nous devons donc passer de *Ce n'est pas possible* à *C'est possible : je dois juste trouver comment.* J'ai toujours dit que le mot *incurable* signifie que telle maladie ne peut pas être guérie par des moyens *extérieurs*, pour l'instant, aussi devons-nous aller les chercher en dedans. Ce qui implique évidemment de changer de façon de penser. Vous devez également développer votre estime de soi : croire que vous êtes digne de guérir. Si vous parvenez à en faire une croyance forte et une affirmation, alors, la Vie vous procurera ce qu'il vous faut pour manifester votre guérison.

Bien, alors si quelqu'un lit ceci en ce moment et doit affronter des propres problèmes de santé, quelles affirmations lui suggérerais-tu pour développer le bon état d'esprit ?

« Je commencerais par ceci :

Je m'aime et je me pardonne.
Je me pardonne d'avoir laissé ma/mon [colère, peur, ressentiments ou autres] *nuire à mon corps.*
Je mérite de guérir.
Je suis digne de guérir.
Mon corps sait se guérir.
Je coopère avec les besoins nutritionnels de mon corps.
Je lui offre une nourriture saine et délicieuse.
J'aime chaque centimètre carré de mon corps.
J'imagine qu'une eau fraîche et pure s'écoule à travers tout mon corps et en lave toutes les impuretés.
Mes cellules saines se renforcent chaque jour.

J'ai confiance en la Vie : elle soutiendra ma guérison de toutes les manières possibles.
Chaque main qui touche mon corps est une main qui guérit.
Mon médecin est étonné par la rapidité avec laquelle mon corps guérit.
Chaque jour, à tous égards, je suis de plus en plus sain-e.
Je m'aime.
Je suis en sécurité.
La Vie m'aime.
Je suis guéri-e et complet-e. »

Pendant que tu guérissais de ton cancer, as-tu continué à voir des gens ?

« Oui, mais je n'ai rien dit à personne, à propos de mon diagnostic, sinon à mon prof et aux personnes qui me soutenaient directement. Je ne voulais pas être influencée par les peurs des autres. Je ne voulais pas qu'on me détourne de ma voie. Quand j'ai été informée que mon cancer avait disparu, j'ai réévalué ma vie et j'ai pris la décision de quitter New York. J'y avais passé 30 ans et j'en avais assez de son climat et de ses hivers. Je voulais aller là où j'aurais du soleil et des fleurs toute l'année, alors je suis venue en Californie. »

Et tu t'es établie à Los Angeles ?

« Oui et durant les six premiers mois, je suis beaucoup allée à la plage. J'avais le sentiment que je ne tarderais pas à être très occupée et que je n'en aurais plus le temps. J'ai également apporté *D'accord avec ton corps* à toutes les réunions métaphysiques que je découvrais à Los Angeles et, si c'était approprié, j'en offrais un exemplaire à quelqu'un. Il s'est avéré qu'aucune de ces réunions ne m'a donné l'envie d'y retourner une seconde fois. Ils n'avaient rien à m'offrir. Mais progressivement je prenais mes repères et je me suis bientôt mise à attirer quelques clients. »

Donc, d'une certaine manière, tu as tout recommencé à zéro. Es-tu restée en contact avec tes clients de New York ?

« Oui, nous sommes restés en contact par téléphone, à mesure que je me forgeais une nouvelle vie à Los Angeles.

« Il existait une librairie fantastique à Hollywood West, qui s'appelait Bodhi Tree. Je leur ai apporté mon livre plusieurs fois, mais ils n'étaient pas intéressés. Mais la Vie n'a pas tardé à envoyer des clients dans leur magasin qui disaient "Je voudrais le petit livre bleu". La plupart des gens ne connaissaient pas le vrai titre du livre, ni mon nom, ils en savaient juste assez pour demander le petit livre bleu. La librairie a fini par comprendre qu'il s'agissait de moi et m'a appelée pour en commander six exemplaires. À peine avais-je raccroché que j'ai bondi dans ma voiture et que je m'y suis rendue moi-même pour faire la livraison. Durant toute la première année, chaque fois que je recevais une commande, je la livrais en personne au magasin, et j'ai constaté qu'ils en vendaient de plus en plus. C'est également de cette manière que les gens ont appris à me connaître, moi et mon travail, et qu'ils ont commencé à solliciter mon aide.

« À mesure que j'avais davantage de clients, j'ai aussi entrepris d'animer de petites classes, d'environ six personnes en général. C'était le bouche-à-oreille qui permettait aux gens de découvrir ces cours et ces conférences. Au fil du temps, le public a augmenté jusqu'au point où plus de 350 personnes se présentaient à mes ateliers. Je croyais à ce que j'enseignais, et les gens qui participaient à mes séminaires obtenaient de bons résultats et opéraient de grands changements dans leur vie. Ensuite, je me suis dit que si j'arrivais à coucher par écrit toute cette expérience – tout ce que j'apprenais grâce à mon travail – je parviendrais à aider beaucoup plus de gens. Mais je n'en avais pas le temps. Puis, l'une de mes anciennes clientes à New York est venue me voir et m'a fait cadeau de 2000 $, tellement elle était contente de ce que j'avais fait pour l'aider à changer de vie. Alors, j'ai décidé que c'était un signe !

« Je me suis donnée six mois pour écrire ce nouveau livre. J'ai pris tout ce que j'avais appris de mes clients et de mes ateliers, sans oublier toutes les histoires que j'avais entendues, et j'ai commencé à en faire un livre, auquel j'ai ajouté le contenu de *D'accord avec ton corps*. C'est ainsi qu'est né *Transformez votre vie*. Je me rappelle qu'après sa parution, je mettais une pile de livres sur une table, dans mes ateliers, et de la monnaie dans un bol, et les gens effectuaient leurs achats eux-mêmes. J'avais très peu d'argent, à l'époque, aussi ne pouvais-je pas imprimer beaucoup de livres à la fois, mais sitôt que j'avais vendu ceux que je possédais, je retournais en imprimer davantage. »

C'est donc la réalisation de cette première édition de *Transformez votre vie* et le succès de tes consultations avec tes clients qui t'ont progressivement permis de toucher un public beaucoup plus important ?

« Oui, car la nouvelle s'est répandue bien au-delà de là où j'enseignais. À un certain point, je me suis rendue en Australie toute seule : quelqu'un m'avait invitée à donner une conférence gratuite le vendredi soir, puis un atelier le week-end. Quand je suis entrée dans la salle pour la conférence, il y avait là un millier de personnes et je me suis dit, *Bon sang, d'où viennent tous ces gens ? Comment peuvent-ils me connaître ?* La Vie semblait avoir pris le contrôle de toute cette affaire. »

Portée par le sentiment croissant que la Vie la guidait, Louise a vu son travail et sa notoriété atteindre un niveau sans précédent au moment où l'épidémie du sida a frappé, au milieu des années quatre-vingt.

« Il y avait quelques homosexuels qui venaient me consulter et, un jour, l'un d'entre eux m'a appelée et m'a demandé, "Louise, accepterais-tu de lancer un groupe pour les personnes atteintes du sida ?". Je n'en étais pas certaine, mais j'ai dit, "Oui, réunissions-nous et voyons ce que ça donne". Alors, nous avons commencé avec six personnes et, le lendemain, l'un de ces hommes m'a rappelée et m'a dit que c'était la première fois qu'il dormait depuis trois mois. La nouvelle s'est répandue rapidement. Je ne savais pas ce que je faisais, mais à l'époque, personne d'autre n'en savait rien non plus. Ce n'était pas comme s'il y avait des gens brillants en train de faire des choses formidables pour les personnes atteintes du sida, et que la brave Louise débarquait soudain là au milieu. On était tous au même niveau. J'ai estimé que je faisais simplement ce que j'avais toujours fait : aider les gens à se libérer du ressentiment et à s'aimer, et les encourager à pratiquer le pardon. Bref, les choses toutes simples de la vie.

« S'agissant de ce groupe-là, je savais que nous étions confrontés à beaucoup de haine de soi, davantage que chez d'autres personnes, ainsi qu'à tous les jugements que la société portait sur eux. La population gay avait les mêmes problèmes que les autres avec leurs parents, auxquels s'ajoutait une absence de reconnaissance de leur part. Sans compter, bien sûr, qu'on jugeait qu'ils étaient une abomination au regard de Dieu. Comment diable pouvez-vous avoir la moindre estime de soi, quand vous n'entendez que des choses de ce genre ? C'est impossible. Et moi, l'enfant blessée qui avait été abandonnée par ses propres parents, je me retrouvais à aider ces hommes qui avaient été abandonnés eux aussi. Je les comprenais. Je comprenais leur histoire. »

J'ai dit à Louise que c'était comme si la Vie les avait tous réunis en grand nombre, du fait de la compassion et de la compréhension profondes qu'elle était en mesure de leur prodiguer. Quel cadeau pour ces hommes !

« Oui, et les choses ont pris encore beaucoup plus d'ampleur en 1987, lorsque je suis passée la même semaine au *Oprah Winfrey Show* et au *Phil Donahue Show*. Ces deux émissions avaient entendu parler de ce que je faisais par rapport au sida et leurs animateurs voulaient que je vienne en parler. J'ai emmené avec moi cinq hommes parmi ceux qui s'en sortaient le mieux et nous avons commencé par faire l'émission d'Oprah. Elle a été merveilleuse. Elle nous a laissés faire passer notre message, à savoir que nous traitions toute cette question avec amour, que nous n'avions pas peur les uns des autres et que notre premier objectif était de nous aimer nous-mêmes.

« Je voulais toujours rester concentrée sur le positif. La première chose que j'ai dite, quand j'ai commencé à travailler avec ces hommes, c'était, "On ne va pas rester assis là et se la jouer *Mon Dieu comme c'est affreux*". On savait déjà que c'était affreux, et ils pouvaient jouer à ce jeu-là n'importe où. Mais quand ils venaient chez moi, c'était pour adopter une approche positive. Quiconque avait des nouvelles positives ou avait découvert une technique positive pouvait la partager avec tout le monde. »

Donc, les gens savaient qu'ils pouvaient trouver là du soutien, de l'empathie, et y faire des expériences positives ?

« Oui, tout le monde pouvait partager, il n'y avait pas de jugement. Et plus nos réunions se sont poursuivies dans la durée, plus j'avais de bonnes choses à leur apporter. Je me souviens du jour où quelqu'un nous a offert six tables de massage. Les participants les trimbalaient jusqu'à notre salle, chaque mercredi soir, et nous les installions. Ensuite, nous demandions aux personnes qui pratiquaient le Reiki ou le massage de se mettre près d'une table pour que les autres puissent bénéficier d'un traitement. On n'appelait pas ça des "tables de guérison", mais des "tables d'énergie". Pour beaucoup de ces hommes-là, c'était la seule fois de toute la semaine que quelqu'un les touchait. Ça signifiait beaucoup pour eux. Notre objectif était simple : se sentir bien. J'ai toujours eu des idées simples. Il semble que plus on est simple, mieux les choses marchent.

« Notre présence simultanée sur ces deux émissions, la même semaine, nous a vraiment mis sur orbite. Les rares téléphones que nous avions étaient constamment occupés et *Transformez votre vie* s'est retrouvé durant treize semaines sur la liste des best-sellers du *New York Times*. Soudain, tout le monde me connaissait. »

Alors, c'est là que tu as pris conscience que tu avais une véritable opportunité professionnelle ?

« Je n'ai jamais dit que je voulais monter une entreprise, par contre je me rappelle m'être dit de nombreuses années auparavant que si jamais cela devait m'arriver, je l'appellerais Hay House. Et voilà que l'occasion se présentait justement. D'abord, j'ai fait le petit livre bleu, puis *Transformez votre vie*, puis deux cassettes de méditation, une pour le matin et l'autre pour le soir. J'avais quatre produits. Au départ, je faisais tout ce que je pouvais par moi-même, mais quand j'ai eu trop de travail, j'ai embauché quelqu'un pour m'aider. Et quand notre activité augmentait encore, j'embauchais à nouveau ; c'est ainsi que mon entreprise a grandi, très lentement. Ça a commencé par une toute petite Hay House. Puis, je me suis retrouvée avec cinq ou six personnes qui travaillaient avec moi, et je me rappelle leur avoir donné cinquante dollars à Noël, une fois, parce que c'était tout ce que j'avais à leur offrir.

« Je dirigeais mon entreprise depuis chez moi, dans un appartement au milieu d'un immeuble, et il est arrivé un moment où certains de mes voisins se sont plaints, aussi ai-je dû déménager. Je me suis donc installée dans un autre immeuble, pas trop éloigné, et j'ai remarqué qu'il y avait un expert-comptable de l'autre côté du couloir. Or, nous avions justement atteint le point où nous avions besoin d'un bon comptable, aussi l'ai-je embauché pour qu'il nous aide à tenir nos registres. Au final, il nous est apparu que cela nous coûterait moins d'embaucher quelqu'un à temps plein, aussi avons-nous engagé l'un de ses employés. Une fois de plus, la vie me procurait exactement ce dont j'avais besoin pour que mon entreprise grandisse et puisse aider encore plus de gens. Avant de partir en voyage, un jour, je pensais que nous nous étions mis d'accord pour embaucher un homme du nom de Michael. Mais à mon retour, j'ai découvert qu'en réalité c'était Reid Tracy qui avait été engagé à sa place. Reid est aujourd'hui le président et le PDG de Hay House. Il s'est révélé être l'homme qui convenait parfaitement à ce poste. »

Il me semblait discerner là un thème, et je l'ai dit à Louise. Tu dis toujours que les choses ont évolué *lentement.*

« Oui. Aujourd'hui, la plupart des gens veulent un succès immédiat. Mais lorsqu'on suit un chemin spirituel et qu'on répond à ce que la Vie nous présente, je crois que les choses les plus importantes se produisent progressivement, au fil du temps. C'est presque comme si on ne les voyait pas arriver. Un jour, on regarde derrière soi et on se dit, *Bon sang ! Quel chemin parcouru !* »

Outre ce succès modéré et progressif, j'ai remarqué d'autres éléments distinctifs dans le parcours spirituel de Louise :

- *La simplicité* : se concentrer sur de petites choses simples, faciles à gérer, au lieu de vouloir compliquer les choses.

- *L'optimisme* : consacrer toute son attention et son énergie à trouver des solutions, au lieu de rester fixé sur les problèmes.
- *La patience* : prendre le temps de vivre pleinement et consciemment le processus, plutôt que de se précipiter pour atteindre un résultat.
- *La confiance* : apprendre à faire confiance à la Vie en discernant la perfection de chacune de nos expériences et les occasions d'évolution qu'elle nous présente.
- *L'évolution* : considérer la vie comme une école où chacune de nos expériences peut contribuer au changement et à notre réalisation.
- *Le service* : se concentrer avant tout sur la façon dont on peut encourager et aider ceux qui sont dans le besoin, plutôt que de se perdre dans sa propre vision personnelle et sa quête du succès.
- *L'action* : prendre l'engagement d'être là et de franchir les portes que la Vie nous ouvre sur notre trajectoire.

- *La foi* : être prêt à prendre des risques et continuer d'avancer, même quand on n'est pas certain de l'issue finale.
- *Le magnétisme* : développer et utiliser la capacité à attirer ce dont on a besoin, en adoptant et en cultivant le bon état d'esprit.

Il me restait une question finale pour Louise, avant que nous achevions notre première rencontre : *Penses-tu que la Vie nous fait continuellement de petites tapes sur l'épaule et que, pour peu que nous prêtions attention et que nous fassions ce qui est attendu de nous, nous avons toutes les chances de trouver le bon chemin ?*

« Je crois qu'en agissant ainsi on sera effectivement toujours bien occupé », répondit-elle. « Il y a beaucoup de gens qui ont besoin de buts dans la vie – des objectifs à un an ou à cinq ans – mais pour ma part je n'ai jamais fonctionné comme cela. Je n'ai jamais essayé d'accomplir quoi que ce soit de clairement défini. La question qui m'habitait était toujours : *Comment puis-je aider les autres ?* Je me suis posé cette question des milliers de fois et je continue de me la poser aujourd'hui encore. Quand je vois tous les problèmes qu'il y a dans le monde, je me dis que je ne serai peut-être pas capable de faire quelque chose de précis, mais par contre, ce que je peux toujours faire, c'est de poser la question et de projeter l'intention énergétique *Comment puis-je être utile ?*

« Une fois qu'on a compris comment ça marche, et qu'on a l'assurance que les choses fonctionnent effectivement ainsi, il suffit de répondre au téléphone et d'ouvrir le courrier. »

CHAPITRE 2

Devenez le créateur d'une vie exceptionnelle

« Nous sommes des êtres puissants et créatifs qui déterminent leur futur à chaque pensée qu'ils nourrissent et à chaque mot qu'ils prononcent. » Ce sont là les premiers mots qu'a prononcés Louise quand j'ai enclenché mon enregistreur audio, au début de notre nouvelle séance.

Nous étions cette fois assises l'une en face de l'autre, sur un long canapé près de la fenêtre, dans ma chambre d'hôtel surplombant la ville de Toronto. C'était une après-midi magnifique et ensoleillée. En songeant à ce que venait de dire Louise, j'ai pris conscience que ce message est au fond de la plus grande importance : *Dans notre état d'esprit le plus pur et le plus positif, nous sommes les créateurs puissants de notre vie la meilleure.*

Quand nous cultivons de bonnes pensées, nous nous sentons bien. Quand nous nous sentons bien, nous faisons de bons choix. Et quand nous nous sentons bien et que nous faisons de bons choix, nous attirons davantage d'expériences positives dans notre vie. C'est effectivement aussi simple que ça… aussi élégant et aussi vrai.

La science nous apprend que les ondes énergétiques sont la "substance" de l'univers, de sorte que chacune de nos respirations et chacune des pensées que nous nourrissons à un effet direct sur quelque chose ou sur quelqu'un. La chaise sur laquelle je suis assise, le clavier que j'utilise ainsi que le magnifique magnolia que j'aperçois dehors sont tous faits d'énergie. La vitesse à laquelle un objet vibre détermine la densité de sa forme. Cette énergie est directement influencée par les pensées que nous cultivons, les paroles que nous prononçons et les actes que nous posons. *Ces pensées, ces paroles et ces actes engendrent des sentiments ; et nos sentiments sont la devise avec laquelle nous nous achetons nos expériences.*

À mesure que Louise et moi parlions de la manière dont nos pensées influencent notre vie, j'ai pris encore davantage conscience du degré auquel ce concept est véritablement significatif et puissant. Une partie considérable de ce à quoi nous croyons, de ce que nous enseignons et mettons en pratique dans notre propre existence s'appuie sur un concept que beaucoup de gens considèrent généralement comme tiré par les cheveux, New Age, ou encore simpliste dans le meilleur des cas. L'espace d'un instant, tandis que je transcrivais ces mots sur papier, j'ai ressenti le besoin de faire une recherche sur le Web, dans ma bibliothèque ou dans l'esprit de mes collègues de la communauté scientifique, afin d'y trouver des preuves indubitables pour soutenir nos convictions. Mais aujourd'hui, je ne fonctionne plus comme cela. Je ne cherche plus à défendre les principes spirituels qui ont guidé et façonné ma vie. Ils sont opérants et je le sais. Louise et moi nous savons toutes les deux.

En poursuivant notre conversation, il est devenu évident que Louise et moi avions toutes les deux été inspirées par des auteurs de la Nouvelle Pensée tels qu'Emmet Fox et Florence Scovel Shinn, qui encourageaient leurs lecteurs à utiliser la puissance de la pensée pour modifier et améliorer leur existence.

En appliquant ces principes dans notre vie, Louise et moi sommes parvenues à manifester des expériences et à déclencher des opportunités qui sont pour nous la preuve concrète de la puissance de nos pensées. Et ces preuves-là ont renforcé nos croyances.

Si la science ignore les récits de personnes ayant découvert la puissance créatrice ou thérapeutique des pensées, ces histoires n'en demeurent pas moins importantes. Elles sont les signes avant-coureurs du changement en cours, elles servent de catalyseur à cette évolution de la conscience qui va finir par refaçonner toute la façon dont nous vivons. Les récits miraculeux et les expériences extraordinaires précèdent souvent la compréhension. Elles nous invitent à ouvrir notre cœur et notre esprit, pour que nous puissions voir le monde sous un jour neuf et différent. Il nous est alors plus facile de croire en quelque chose qui existe *en dehors* de notre manière de pensée limitée. Or c'est justement le but. Les évolutions quantiques de la conscience débutent fréquemment par des idées qui paraissent initialement étonnantes, voire magiques. Essayez imaginer combien a dû paraître invraisemblable l'idée de pouvoir regarder des images grâce à une grosse boîte, dans son living-room, aux personnes qui ont entendu parler pour la première fois de la “télévision”. Cette idée-là, apparemment impossible et invraisemblable, a changé à tout jamais la face de l'humanité.

En tant que pionnière de l'étude des relations psychosomatiques, Louise a mis ses lecteurs au défi d'élargir leur compréhension, en leur suggérant qu'ils pouvaient traiter leurs maladies physiques avec des outils métaphysiques. Plutôt que de tenter de traiter une maladie uniquement par les méthodes classiques, elle invitait les gens à s'interroger également sur la façon dont ils *pensaient* à leur pathologie. En établissant un lien entre le corps et l'esprit, elle a permis aux autres de découvrir ce qu'elle avait déjà trouvé par elle-même : à savoir que nos pensées jouent un rôle fondamental dans la guérison du corps. Louise en a vu la preuve à répétition dans le visage souriant de tous ces hommes et femmes qui sont parvenues à guérir leur corps et à changer de vie. C'est pour elle, comme pour toutes les personnes dont elle a accompagné la guérison, une preuve largement suffisante.

Quand on veut tirer parti de la puissance des pensées, il suffit d'opter pour une nouvelle manière d'agir, en ayant l'assurance que la Vie ne tardera pas à nous apporter nos propres preuves. Voilà pourquoi, ayant cela à l'esprit, j'ai renoncé à vouloir prouver des choses que je sais être vraies, pour m'appuyer plutôt sur les exemples concrets que j'en ai, tirés d'histoires vécues. Juste après avoir pris cette décision, il est arrivé quelque chose d'intéressant.

Alors que je faisais mes courses avec mon mari, Michael, je me suis arrêtée au rayon des fleurs pour regarder des orchidées. J'y suis restée un bon moment à les observer, en appréciant leurs couleurs magnifiques et la forme exquise de leurs pétales. En les examinant l'une après l'autre, j'ai envisagé d'en acheter une, puis j'ai changé d'avis après avoir été distraite par la question d'une autre cliente, à côté de moi.

Le lendemain, quand je suis rentrée chez moi après une réunion, j'ai trouvé une grosse boîte sur les marches du perron. Je l'ai emportée à l'intérieur, je l'ai ouverte et j'ai découvert une ravissante orchidée blanche nichée à l'intérieur de la boîte. Je me suis aussitôt rappelé mon intention et j'ai vu là le résultat de mes pensées positives concentrées. J'adore les fleurs et j'ai déjà fait suffisamment d'expériences de ce genre pour savoir que si je concentre mon énergie – même modérément – dans leur direction, j'émets ainsi un signal puissant en direction de l'univers qui, j'en suis certaine, les attire à moi. Cette fois-là, le signal avait sans doute été plus fort que d'habitude. Deux jours plus tard, en effet, j'ai reçu un autre colis inattendu d'une amie de la côte ouest… une autre magnifique orchidée blanche.

Ce que nous semons dans le monde a un grand impact sur ce que nous récoltons. La plupart d'entre nous en ont des exemples sous les yeux chaque jour, sauf que nous ne faisons pas le lien. « Nous œuvrons constamment en coopération avec la Vie », rappelle

Louise, « et nous voulons pousser les gens à s'y entraîner, afin qu'eux aussi puissent en voir la preuve dans leur propre vie. » Je suis parfaitement d'accord avec elle. À tout instant, nous voyons, sentons, émettons et influençons l'énergie de multiples manières dont nous nous doutons peu, voire pas du tout.

Vous est-il déjà arrivé d'entrer dans une pièce et de savoir instantanément qu'il y avait quelqu'un en colère à proximité ? Ou de regarder un inconnu dans les yeux et de vous sentir submergé par des sentiments de compassion, de compréhension ou d'amour ? C'est ce qui arrive lorsqu'on *reçoit* de l'énergie. On se branche sur l'environnement, on capte une vibration et on télécharge des informations sur ce qui se passe, le plus souvent sans aucune discussion ou explication.

Bien entendu, nous *émettons* également de l'énergie. Vous est-il déjà arrivé d'avoir peur de tomber malade, puis de vous demander si votre inquiétude avait quelque chose à voir avec le fait que ça vous était justement arrivé ? Ou avez-vous déjà désiré quelque chose tellement fort qu'on aurait dit que votre concentration sur l'objet de votre désir avait un lien avec le fait que celui-ci se soit miraculeusement manifesté dans votre vie ? Voilà le genre de choses qui peuvent se produire lorsqu'on *transmet* de l'énergie. En émettant des signaux, sous la forme de pensées, de paroles ou d'actes, nous exerçons une influence énergétique sur notre environnement et, par conséquent, sur notre vécu.

Voici plusieurs années, j'ai eu la chance extraordinaire de pouvoir observer la puissance d'une transmission d'énergie.

Après avoir passé toute une année à voyager et à donner des conférences, je me sentais fatiguée et ma créativité était bloquée. À cette époque, je devais me rendre dans le Morava Resort & Spa, à Tucson, dans l'Arizona, pour une réunion d'affaires. Avant de m'y rendre, j'ai pris contact avec mon collègue et ami Wyatt Webb, auteur de *It's not about the horse*. Wyatt est à l'origine de l'Expérience équestre, une méthode qui se sert de nos interactions avec des chevaux comme d'un miroir de la façon dont nous entrons en relation les uns avec les autres et avec le monde. J'avais confiance en Wyatt, car je savais que c'est un guide perspicace et expérimenté qui pouvait m'aider à comprendre pourquoi j'étais bloquée et comment dépasser cela. Je souhaitais qu'il m'aide à découvrir ce qui se passait.

En marchant jusqu'aux écuries, Wyatt et moi en avons profité pour nous mettre au courant de ce qui se passait dans nos vies respectives. Quand nous sommes arrivés à l'enclos circulaire, j'ai reconnu un vieil ami. Prêt de la clôture, à l'abri de quelques arbres, se trouvait Monsoon.

Monsoon mesure 1,70 m pour 600 kg, et bien que je connaissais déjà cette créature magnifique depuis mes précédents séjours à Morava, j'ai senti que je me crispais tandis que Wyatt me conduisait vers lui. Je suis entrée dans l'enclos, curieuse de ce qu'il allait m'enseigner.

Wyatt et moi avons parlé un certain temps de mon ressenti et des changements survenus dans ma vie depuis quelques années. Après m'avoir écoutée et avoir observé les signaux émis par mon corps (Wyatt est maître dans l'art de découvrir ce que vit intérieurement quelqu'un d'après son allure extérieure), il annonça : « Tu sais ce qui se passe, Cheryl ? Je crois que tu es vraiment très énervée et que cette colère non exprimée bloque toute ton énergie ».

Tout en l'écoutant, je faisais de mon mieux pour ériger un mur de protection entre mon ami et mes émotions de plus en plus brutes. J'ai reculé d'un pas et porté mon regard au loin. Mais je savais que j'avais besoin d'aide et je lui faisais suffisamment confiance pour laisser mes sentiments s'exprimer, aussi ai-je laissé couler mes larmes. Quand j'ai eu fini de pleurer, il m'a expliqué en douceur que ma colère était la clé de mon pouvoir et que si je ne m'autorisais pas à la ressentir, je ne parviendrais jamais à prendre pleinement possession de tout mon potentiel ni à l'exprimer en plénitude, durant la prochaine phase de ma vie.

« Tu as beaucoup de pouvoir à l'intérieur de ton corps », me dit-il, « et ce n'est qu'en acceptant de traverser la colère pour te relier à l'énergie "en dessous" que tu éviteras de rester coincée. »

Aujourd'hui encore, quand j'y repense, je suis stupéfaite de ce qui est arrivé juste après.

Wyatt m'a conduite vers Monsoon qui était toujours appuyé contre la clôture, à renifler le sol. Sa tête était distante de nous, son corps parallèle à la clôture. Quand nous nous sommes retrouvés à environ 6 m de l'arrière-train de la bête, Wyatt a dit, « Je veux que tu te serves de ton énergie pour faire bouger ce cheval. Je veux que Monsoon se retourne complètement, jusqu'à ce que sa tête se retrouve face à nous. »

« Tu veux que je fasse bouger ce cheval par la pensée ? »

« Non », répondit mon ami. « Je veux que tu le fasses bouger grâce à ton énergie. Respire plusieurs fois profondément et dis à ce cheval de *bouger* ! »

Je suis restée immobile, les yeux fermés, et je me suis concentrée aussi fort que possible pour faire bouger ce cheval. Mentalement, je n'arrêtais pas de crier, *BOUGE ! BOUGE ! BOUGE !* Mais il ne bougeait pas.

Wyatt s'est approché de moi. De sa voix traînante de cow-boy, il a dit, « Arrête d'utiliser ta tête, Cheryl. Sers-toi de tes tripes. » Il m'a donné une petite tape dans le ventre. « Fais bouger ce cheval à partir de *là*. »

J'ai à nouveau fermé les yeux, bien résolue cette fois à prendre mon temps. À chaque respiration, j'imaginais que j'étais en train de développer une grosse boule d'énergie dans mon bas-ventre. Puis, quand je me suis sentie prête, j'ai imaginé que j'expulsais cette énergie en direction de Monsoon, tout en affirmant mon attention qu'il *bouge*. Au bout d'un moment, il a relevé la tête, avant de la tourner dans notre direction et d'entreprendre de faire demi-tour. Ce cheval était maintenant face à moi, me regardant droit dans les yeux.

Je me tenais là abasourdie, le regardant moi aussi. Puis je me suis tournée vers Wyatt qui me faisait un large sourire. « Imagine maintenant tout ce qu'un pouvoir de ce genre peut faire pour toi et pour les autres, dans le monde. »

Je n'ai jamais oublié cet instant ni ce message.

Nous sommes tous de merveilleuses machines à communiquer. Chacun d'entre nous est une tour de radio ambulante qui transmet et reçoit des signaux énergétiques à chaque instant de la journée. Comme les étoiles qui étincellent dans le ciel nocturne, nous vivons et respirons dans un champ unifié d'énergie qui nous relie les uns aux autres. Chacun de nos mouvements, chacune de nos pensées, même aléatoires, pénètre dans ce champ et l'influence d'une manière ou d'une autre.

Plus nous apprenons à prêter attention aux signaux que nous recevons et émettons, plus nous prenons possession d'un vaste pouvoir créatif qui n'affecte pas seulement notre propre personne, mais chaque être et chaque chose qui nous entoure. Avec de l'entraînement, nous pouvons prendre davantage confiance dans notre capacité à utiliser ce réseau énergétique pour améliorer notre vie, en branchant notre émetteur – nos pensées – sur une fréquence plus positive.

Dans ma chambre d'hôtel, à Toronto, Louise m'a raconté une histoire qui illustre ce point à merveille. « Je me rendais en voiture au bureau, en repensant à un courrier que j'avais reçu plus tôt dans la journée et qui m'avait perturbée », me dit-elle. « J'étais là à ruminer et à me disputer mentalement avec la personne qui l'avait écrit. Puis, je me suis prise sur le fait. J'ai fait une pause et j'ai pris conscience que cette manière de penser ne me faisait aucun bien. Alors, je me suis garée et j'ai commencé à me dire ce que j'avais besoin d'entendre pour me sentir mieux. Je me suis répété des phrases du genre :

Je me libère de cet incident avec amour ; il est terminé.

Je me réjouis de l'instant suivant
qui sera tout neuf et vierge.

Il n'y a que de bonnes expériences qui m'attendent.

Où que j'aille, je suis accueillie avec amour.

J'aime la Vie et la Vie m'aime.

Tout est bien, et moi aussi je vais bien.

« En un rien de temps, j'avais retrouvé le cours de mes pensées positives et repris ma route. Quelques instants plus tard, j'ai enclenché la radio et j'ai entendu un magnifique morceau de musique classique, très inspirant, qui m'a valu un large sourire. Je savais que j'étais passée à autre chose. Je suis arrivée au bureau en me sentant beaucoup mieux. Au moment de franchir la porte d'entrée, une employée m'a accueillie en me disant, « Je t'aime ». Quand je suis arrivée à mon bureau, un vase rempli de fleurs m'y attendait, cadeau de l'épouse d'un employé. J'ai également découvert qu'un problème que je devais aborder à une réunion plus tard dans la journée avait été totalement résolu et qu'il n'était même plus nécessaire que je me rende à cette réunion. C'est à ce moment-là que je me suis exclamée, "Merci. Merci. Merci." »

En écoutant Louise me raconter cette histoire, j'ai noté la première instruction qu'elle s'est donnée : « J'ai commencé par me dire ce que j'avais besoin d'entendre pour aller mieux ». Voilà une belle manière d'illustrer le fait que *la première façon de prendre soin de soi, mais aussi la plus importante, consiste à s'occuper de ses pensées.* Chaque fois que nous le faisons, tout le monde en profite.

En se prenant rapidement sur le fait et en retournant la situation, grâce à un dialogue intérieur plein d'amour, Louise a envoyé un message énergétique à la Vie qui y a répondu d'une manière qui non seulement lui a remonté le moral, mais a également enrichi l'expérience de son entourage.

Je vais le redire encore une fois : vos pensées ont une influence directe sur votre vie. On peut facilement se lancer dans de grands débats sur la manière dont opère ce principe, voire sur la réalité de son fonctionnement, ou tout bonnement nier que nos pensées créent notre réalité.

Mais, débattre de ces idées, c'est un peu comme dépenser une énergie précieuse à se demander comment fonctionne une radio, au lieu de simplement l'enclencher et la brancher sur votre chaîne favorite, ou encore vous interroger sur la légitimité de l'Internet au lieu de vous en servir pour communiquer ou trouver des informations. Au stade où nous en sommes, si l'on veut utiliser des outils spirituels, et non intellectuels, il faut avoir la foi et l'esprit ouvert. Ces outils spirituels nous facilitent la vie et la rendent beaucoup plus gratifiante.

« Je me suis un jour retrouvée en cours avec Virginia Stair, la pionnière de la thérapie familiale, de renommée internationale », m'a dit Louise. « Elle m'a raconté qu'elle avait fait un jour une étude avec certains étudiants sur les différentes façons dont on peut laver la vaisselle. En rassemblant toutes leurs réponses, elle s'est retrouvée avec 250 manières différentes de laver la vaisselle, et chaque personne pensait que la sienne était la seule efficace. Quand on ferme son esprit à de nouvelles idées ou à de nouvelles façons de faire les choses, on passe à côté de celle qui est la plus facile et la plus adaptée.

« Cheryl, nous nous efforçons toi et moi de faire découvrir aux gens une façon plus facile de se forger une vie exceptionnelle. Quand ils auront compris ce concept et qu'ils l'auront mis en pratique – en nourrissant des pensées positives et en faisant des choix qui leur font du bien – ils se retrouveront dans un état de fluidité par rapport à l'univers et des miracles commenceront à se produire. À ce moment-là, ils auront toutes les preuves dont ils ont besoin. Des choses qu'ils n'auraient même pas pu imaginer précédemment se mettront à leur arriver. »

Vous êtes une machine spirituelle extraordinaire. En ce moment précis, plus de 50 billions de cellules travaillent ensemble dans votre corps, vous permettant notamment de lire cette phrase. Vos cellules ne se disputent pas et n'argumentent pas. Elles ne remettent pas en question la manière dont les choses se passent. Et elles ne se lancent pas non plus dans de grands débats sur qui est le plus intelligent ou le plus efficace. Elles s'alignent, elles établissent ensemble la plus parfaite harmonie pour permettre à cette machine que vous appelez « votre corps » de fonctionner à son niveau optimal, à chaque instant. Quel miracle !

Et l'on observe le même genre d'interactions harmonieuses dans le monde extérieur aussi. Chaque jour, le cours créatif de nos pensées, de nos paroles, de nos actes et de nos sentiments œuvre en collaboration divine avec l'énergie de l'univers pour créer notre vie. Si nous concentrons notre énergie de manière positive, nous avons autrement plus de chances de provoquer de bonnes expériences. Les choses sont véritablement aussi simples que cela.

Au départ, toutefois, il peut s'avérer difficile de revendiquer ce pouvoir créatif et de faire un sage usage de notre énergie. Après tout, la plupart d'entre nous ont été formés à vivre dans la peur, à réfléchir et à agir sur la défensive, en cherchant de préférence ce qui ne va pas, ce qui pourrait mal tourner et ce qui cloche dans notre existence. Il suffit de regarder les nouvelles durant quelques minutes ou de lire les gros titres des journaux ou d'un site Web pour voir ce qui fait l'objet de l'attention collective. « Découvrez les dangers cachés de l'eau potable », « L'économie fait un nouveau plongeon », « Dix bonnes raisons de garder l'œil sur vos enfants »… Ces messages incessants, qui véhiculent de la peur, peuvent avoir sur vous une influence dont vous n'avez même pas idée. Et, à force, vous finissez par vous laisser entraîner dans tous ces récits négatifs, dans ces conversations chargées de tensions inutiles et dans ces pensées toxiques à répétition. Une fois que ce cycle s'enclenche, il ne s'interrompt pas de lui-même. Vous devez donc être vigilant pour faire les bons choix et cultiver de bonnes pensées. C'est à chaque tournant de la route que vous devez substituer de bonnes choses aux mauvaises.

Le fait de vous immerger dans cette énergie déprimante et inquiétante ne fait que perpétuer la négativité ambiante. Par exemple, vous risquez de laisser le dernier programme de TV réalité, qui montre des gens dans l'état le plus pitoyable possible, vous prendre la tête, au point de vous retrouver bientôt entouré de personnes qui sont elles-mêmes régulièrement en crise. Ou alors, vous pouvez aussi vous laisser entraîner par les problèmes personnels des autres, au travail, jusqu'à y contribuer vous-même en colportant des ragots et en vous plaignant de ce qui ne va pas dans votre propre existence.

Sans même que nous en ayons conscience, nous développons certaines manières de penser et de nous comporter qui poussent notre propre poste radio à chercher et à émettre des signaux négatifs qui ne font qu'engendrer davantage de négativité et d'expériences difficiles dans notre vie. Ces façons de faire finissent par devenir des habitudes profondément ancrées en nous. Nous pouvons ainsi passer jour après jour à rester bloqués dans la même spirale négative et à porter sur nous-mêmes toutes sortes de jugements négatifs.

Comme Louise me l'expliquait, « Quand on se déteste, quand on se dit des choses négatives, quand on se trouve moche et qu'on n'ose plus se regarder dans le miroir, on commence à se sentir vraiment mal. On n'est pas bien du tout. On n'apprécie rien de ce qui se passe dans la journée, et peu de bonnes choses nous arrivent effectivement. Par contre, quand on fait quelque chose d'aussi simple que de se regarder dans le miroir et de se dire qu'on s'aime, même si c'est difficile, même si on n'y croit pas, notre énergie change. Puis, au fil de la journée, on commence à se sentir mieux et à attirer des circonstances plus favorables. C'est à ce moment-là qu'il arrive de petites choses insignifiantes comme de trouver une place de parking, alors qu'il n'y en a généralement jamais, ou de bénéficier de toute une succession de feux verts. »

Je me demandais comment nous en étions arrivés là, alors j'ai demandé à Louise ce qui faisait que nous avions à ce point perdu la capacité à façonner notre propre vie.

« Quand nous sommes enfants, on nous élève dès le premier jour avec les mots *non* et *stop* », me répondit-elle. « Ce sont parmi les premiers mots que nous entendons. Dès lors, il est devenu normal pour nous – bien que ce ne soit pas naturel – d'être plus concentrés sur ce que nous ne pouvons pas faire que sur ce qui est autorisé, mais aussi de prêter davantage d'attention aux croyances restrictives qui nous limitent plutôt qu'à notre véritable potentiel magnifique. Il y a une quantité innombrable de personnes, dans ce monde, qui commencent chacune de leurs conversations par quelque chose de négatif. C'est devenu quelque chose de normal pour elles. Par exemple, à peine ont-elles franchi la porte qu'elles vous saluent d'un, « Oh, mon Dieu, j'ai failli me prendre les pieds dans ces marches ». Au bout d'un certain temps, cela devient une seconde nature pour elles. Elles ne se rendent même plus compte qu'elles agissent ainsi. J'en vois des exemples partout.

« Voici quelques semaines, je me trouvais dans un magasin en train d'acheter des vêtements. J'ai trouvé quelques articles que je souhaitais acquérir et je m'apprêtais à les payer lorsque j'ai entendu trois femmes discuter : l'une se trouvait dans une cabine d'essayage, l'autre juste devant la cabine et la troisième derrière moi dans la file, à la caisse. Toutes les trois papotaient. Très rapidement, la conversation a tourné autour d'une expérience négative, ce qui a poussé chacune à en rajouter dans le même registre sur ce que venait de dire l'autre. J'ai alors repris ma carte de crédit et j'ai dit à la caissière, « Je reviendrai plus tard. Je ne suis pas en mesure de supporter cette négativité en ce moment ». Je suis donc partie et je suis revenue beaucoup plus tard. J'ai alors demandé à la caissière, « Est-ce que cette conversation est maintenant terminée ? ». Elle a ri et j'ai pu finir mes achats. Les gens sont attirés par les expériences positives. Ces trois femmes n'avaient pas la moindre conscience que leur conversation négative avait fait fuir une cliente, et je suis sûre que d'autres personnes auraient également pu s'en aller sans dire un mot. »

Alors, l'aventure se poursuit, en mettant l'accent sur le positif. « Tu sais, il y a de nombreux auteurs merveilleux – le Dr Wayne Dyer, Abraham, le Dr Christiana Northrup – qui expriment tous à peu près le même message », m'a dit Louise. « Je crois que le but véritable, dans la vie, est de se sentir bien. Si nous voulons de l'argent, c'est pour nous sentir mieux. Si nous voulons être en bonne santé, c'est aussi pour aller bien. Nous avons envie d'une belle relation de couple, car nous pensons qu'ainsi nous nous sentirons mieux. Alors, si notre objectif premier était tout simplement de nous sentir bien, nous pourrions nous épargner de nombreux efforts inutiles. Comment puis-je vraiment me sentir bien en ce moment même ? Quelles pensées puis-je cultiver maintenant, qui m'aideront à me sentir mieux ? Voilà la question que nous devons nous poser à chaque instant. »

Au moment d'arrêter l'enregistrement audio et de rassembler mes affaires, je me suis dit, *Amen, grande sœur !*

CHAPITRE 3

La façon dont vous commencez votre journée indique comment vous la vivrez

J'ai passé la matinée à faire le tour de Covent Garden à pied, à Londres. C'était l'un des premiers jours d'automne ; les commerçants et les artistes de rue se préparaient déjà pour la foule qui allait arriver. J'ai toujours adoré Londres. J'aime sa diversité ; ses habitants polis et aimables ; et la variété invraisemblable de magasins, de styles, de boutiques, de nourritures et de cafés qu'on y trouve.

Louise et moi nous y trouvions toutes les deux, et nous avions prévu de nous rencontrer dans l'après-midi pour continuer de travailler sur notre livre. Je m'en réjouissais d'avance. Durant le peu de temps que nous avions passé ensemble, ma vie avait déjà été très positivement influencée. Je prêtais davantage attention à mes pensées dans la journée, par exemple. Et le temps qu'il me fallait pour me prendre sur le fait, lorsque je ruminais des pensées négatives, devenait de plus en plus court. J'évaluais aussi chacun de mes choix, tant personnels que professionnels, pour voir si, une fois ma décision prise, j'allais ou non me sentir bien. Et si j'estimais que je ne me sentirais pas bien, je répondais alors automatiquement *non*. Quelle chance j'avais de pouvoir apprendre et évoluer, tout en écrivant un livre…

Quand j'ai frappé à la porte de la chambre d'hôtel de Louise, elle a ouvert et m'a accueillie d'un large sourire, avec une étincelle dans ses grands yeux bleus. Je me suis aussitôt senti la bienvenue. Nous avons rapidement parlé de ce que nous avions fait chacune le matin, puis nous nous sommes mises au travail. Je me suis nichée dans un coin, par terre, près de la table basse, j'ai enclenché mon enregistreur audio et j'ai commencé la séance en demandant à Louise à quoi elle pensait.

« Il faut que nous apprenions aux gens comment commencer la journée », m'a-t-elle répondu avec beaucoup de détermination. « La première heure de la matinée est extrêmement importante. La façon dont nous la vivons détermine comment se passe tout le reste de la journée. »

Nous étions lancées ! L'enthousiasme de Louise était évident et j'ai ri en entendant cette femme élégante commencer sa leçon en expliquant : « Trop de personnes entament la journée en disant "Et merde ! Une nouvelle journée qui commence, et il faut que je me lève, fais ch... !". Si vous commencez mal votre journée, elle ne se passera jamais bien, cela n'est pas possible. Si vous faites tout votre possible pour rater le départ, c'est la journée entière qui sera fichue. »

En l'écoutant parler, mes souvenirs m'ont ramenée vers l'âge de vingt-cinq ans, à l'époque où j'entretenais une relation intime un peu particulière avec le bouton d'arrêt momentané de mon réveille-matin. À l'époque, c'était un jeu pour moi que de voir combien de temps je parviendrais à rester au lit, avant de devoir me traîner pour partir au travail. Je n'aimais guère ma vie et je ne me réjouissais absolument pas d'aller travailler. Alors, assise là avec Louise, je me suis mise à penser à ces millions d'hommes et de femmes qui éteignent violemment leur réveille-matin chaque jour et accueillent la nouvelle journée avec appréhension. J'ai tressailli en songeant au message énergétique qu'ils envoient ainsi dans le monde : *Je n'ai pas envie de me réveiller, Je déteste l'endroit où je me trouve aujourd'hui* ou encore *Je préférerais me rendormir que de me lever et d'affronter mon existence misérable.* À cultiver de pareilles pensées, les gens ne font qu'en attirer d'autres de la même espèce.

La situation devient tout à fait différente, une fois qu'on a compris que la manière dont on commence sa journée imprime en nous une certaine façon de penser qui déterminera les expériences que nous ferons ce jour-là. Curieuse d'apprendre de quelle manière Louise commençait sa journée, je lui ai demandé de bien vouloir le partager avec moi.

« J'ai une petite routine quotidienne que je pratique depuis de nombreuses années. Dès que je me réveille, je me pelotonne encore un petit peu dans mon lit, je jouis pleinement des sensations qu'il me procure et je le remercie pour cette excellente nuit de sommeil. Je prolonge cela quelques minutes, tout en commençant ma journée par des pensées positives. Je me dis des choses du genre : *Voilà une bonne journée. C'est vraiment une belle journée qui s'annonce.* Puis, je me lève, je vais à la salle de bains et je remercie mon corps de fonctionner aussi bien. Je prends ensuite un petit peu de temps pour m'étirer. J'ai également une barre fixée dans l'embrasure de la porte à laquelle je me suspends : je relève alors mes genoux au niveau de la poitrine, trois fois de suite, puis je reste quelques instants suspendue. J'ai constaté que cette pratique matinale était excellente pour moi. »

Je me suis imaginé Louise suspendue à sa barre de traction, dans l'encadrement de la porte de sa salle de bains, et mentalement, je me suis mise à parcourir ma maison à la recherche de l'endroit idéal pour en fixer également une. Je trouvais cette idée plutôt amusante.

« Après avoir fait quelques étirements, je me fais une tasse de thé et je vais la boire au lit. J'adore mon lit. J'ai fait construire une tête de lit à l'angle que je souhaite, de façon à pouvoir m'appuyer contre quand je lis ou quand j'écris. Cela fait d'ailleurs des années que j'ai cette tête de lit. C'est un exemple des ajustements que j'ai entrepris pour faire de ma chambre à coucher un lieu à part et confortable, un sanctuaire. Un endroit où il est très agréable de me trouver. »

Quelles sont les autres caractéristiques distinctives de ta chambre à coucher ?

« Le fait que je m'y trouve ! », répondit rapidement Louise, avec un large sourire espiègle. Tandis que nous éclations de rire, j'avais presque envie de m'avancer vers elle et de pincer la joue de la petite fille que je discernais dans ses yeux pétillants. Mais j'ai réfréné mon propre enfant intérieur, pour lui permettre de poursuivre.

« De retour dans mon lit, je lis quelque chose de spirituel. En général, j'ai toujours plusieurs livres d'entamés en même temps. »

Je l'ai interrompue pour lui demander ce qu'elle lisait en ce moment.

« Eh bien, j'ai notamment mon propre livre *Les pensées du cœur* à portée de main, car il est facile d'en lire quelques brefs passages. J'ai également l'ouvrage d'Alan Cohen *A deep breath of life*. En ce moment, je relis aussi *Le jeu de la vie et comment le jouer* de Florence Scovel Shinn. C'est vraiment un très bon livre. S'il me reste du temps après m'être détendue et avoir lu un peu, il m'arrive de faire des mots croisés. Bref, je m'étire à la fois le corps et l'esprit. C'est un rituel matinal. Puis, je me lève. »

La routine matinale de Louise me semblait être un très bon moyen de commencer sa journée et je me demandais combien de temps cela lui prenait.

« J'aime avoir deux heures à disposition, avant d'être en contact avec les gens. J'aime pouvoir faire les choses sans me presser », me répondit-elle. « J'ai appris à prendre mon temps. Je peux ainsi rester assise au lit et penser à ce que je vais prendre pour le petit-déjeuner : quelque chose d'à la fois délicieux et de bon pour le corps, dont j'aie vraiment envie. Si j'ai une activité importante à faire ce jour-là, je veille à exprimer de nombreuses affirmations positives à ce sujet, que je prends soin de formuler au présent, comme si la situation était déjà en train de se produire. Par exemple, si je dois faire une interview, je me dis : *Je sais que c'est une merveilleuse interview. Les idées s'échangent très facilement entre mon interlocuteur et moi. Celui-ci est absolument ravi des informations que je lui donne. Tout se passe sans effort, dans la fluidité, et nous sommes ravis tous les deux.* »

J'étais stupéfaite de la capacité qu'avait Louise à être si positive et optimiste. À ce stade, nous avions suffisamment eu l'occasion de nous voir pour que je sache que cette tournure d'esprit était une constante chez elle. De toute évidence, cette femme vivait dans un monde positif de sa propre fabrication. C'était tellement inhabituel que je n'ai pu m'empêcher de me demander s'il lui arrivait de se sentir mal. Alors, tandis qu'elle achevait la description de son rituel matinal, je lui ai demandé : *T'arrive-t-il jamais de passer une mauvaise journée, de te réveiller de mauvaise humeur ou de te sentir déprimée ?*

Louise prit le temps de réfléchir à ma question avant de me répondre. « Plus tellement », admit-elle. « Cela fait longtemps que je m'entraîne et j'ai pris de bonnes habitudes. Tout est affaire d'entraînement… »

Nous avons décidé de faire une pause, mais, tandis que nous discutions ainsi à bâtons rompus, j'ai laissé l'enregistrement se poursuivre, au cas où. Heureusement. Nous avons toutes les deux pris conscience qu'en invitant les gens à prendre le temps de réfléchir à la façon dont ils se comportent durant certains moments rituels de la journée – et à ce qu'ils se disent au cours de ces rituels – nous étions en train de mettre à jour un processus très efficace pour reprogrammer notre subconscient.

Chaque jour, par petites touches, nous creusons le sillon des pensées machinales qui influencent la qualité de notre vie, en fonction de ce que nous pensons et de ce que nous nous disons de manière répétée. Plus nous changeons ce monologue intérieur pour en faire quelque chose qui contribue à une vie meilleure, plus celle-ci s'améliore effectivement. *Ce sont nos petits rituels quotidiens qui nous offrent les meilleures occasions de changer.*

« Trop de gens s'imaginent qu'il faut se rendre dans un endroit particulier pour se concentrer tranquillement sur des affirmations », m'expliqua Louise, « mais en réalité, nous répétons des affirmations en permanence. Tout ce que nous pensons, tout ce que nous nous disons à nous-mêmes, est aussi une affirmation. Il nous faut donc prendre conscience de ce que nous nous disons et de ce que nous pensons à chaque instant, si nous voulons améliorer notre vie. »

Elle m'indiqua ensuite plusieurs exemples de questions auxquelles réfléchir : « Quelle est la première chose que vous vous dites, le matin au réveil ? À quoi pensez-vous quand vous vous douchez ? Quand vous vous rasez ? Que vous dites-vous lorsque vous enfilez vos vêtements, que vous vous maquillez ou que vous vous séchez les cheveux ? Que dites-vous aux membres de votre famille quand vous prenez le petit-déjeuner ou que vos enfants se préparent à aller à l'école ? Ce sont autant de moments importants dont nous pouvons faire bon usage. »

Au cours des dernières années, j'avais fini par comprendre qu'il est important de commencer délibérément sa journée de manière plus paisible. Après avoir soutenu mon mari, Michael, durant quatre longues années de maladie, nous sommes ressortis transformés de cette épreuve. Tous deux, nous avons compris l'importance de la gentillesse, de faire preuve de bonté envers soi et à l'égard d'autrui. Nous avons décidé de faire davantage attention à notre bien-être et de prendre soin de nous.

Après avoir connu l'épuisement qui survient immanquablement après avoir pris longtemps soin d'un être cher, au quotidien, je ne pouvais plus sortir du lit comme un toast du grille-pain et entamer ma journée bille en tête. Durant des années, je livrais une bataille perpétuelle avec la liste de toutes les choses que j'avais à faire, m'efforçant désespérément de les achever toutes, afin de pouvoir enfin me détendre et apprécier la vie. Mais désormais, je *commence* par me relaxer et par profiter de la vie.

D'avoir écouté Louise me décrire comment elle commençait sa journée m'avait donné plein d'idées sur la façon dont je pourrais m'appuyer sur les changements que j'avais déjà réalisés à ce niveau-là depuis la maladie de Michael. Pour l'instant, ma journée commençait en descendant à la cuisine me faire une tasse de thé. Je la buvais ensuite dans notre séjour éclairé par le soleil matinal, avec mon stylo favori et mon journal personnel. Je tiens en effet un journal depuis l'âge de douze ans, de sorte que l'écriture est devenue pour moi une manière importante de prendre soin de moi au niveau émotionnel et créatif. J'écrivais toujours ce qui me venait à l'esprit, avant de terminer par une page d'affirmations positives. C'est comme ça que j'orientais mes pensées dans la bonne direction, pour toute la journée. Ensuite, je regardais par exemple une vidéo inspirante ou je lisais quelques pages de mon livre favori, ou encore j'allais consulter un site Web. J'ai des goûts plutôt éclectiques. J'aime aussi bien des biographies que des livres spirituels ou des histoires intéressantes sur l'être humain, sans oublier les dernières nouvelles en matière de santé, de science et de technologie. Et j'aime aussi les films comiques. Ce moment matinal est devenu essentiel à mon bien-être ; c'est durant ces moments-là que je retrouve l'inspiration, que je me régénère et que je me nourris au niveau de l'âme.

Tout comme Louise, je fais de mon mieux pour éviter les rencontres, les réunions ou les conversations le matin. Je veux avoir du temps pour moi, où je reste en lien avec mes propres sentiments et pensées. J'ai pris l'habitude de programmer mes rendez-vous, mes coups de fil, mon travail au bureau et le reste dans l'après-midi, afin de garder la matinée libre pour écrire et pour d'autres projets créatifs. S'il m'arrive malgré tout de commencer mon travail plus tôt, j'aime bien savoir que je dispose de l'espace et du silence nécessaires pour rester concentrée sur mes priorités.

J'ai bien conscience que pour la plupart des gens, c'est un luxe que de pouvoir passer la matinée de cette manière. Par le passé, quand je vivais à cent à l'heure (ou que j'étais embauchée par quelqu'un d'autre et qu'il me fallait me rendre au travail), j'étais bien contente si j'arrivais à me garder dix minutes pour moi-même. Mais même dix minutes, c'est important.

Louise en convint. « Il faut bien commencer quelque part. Si vous êtes une mère ou un père au foyer archi-occupé qui doit préparer les enfants à partir à l'école, ou si vous devez vous lever tôt pour vous rendre au travail, il n'en reste pas moins important de prendre un peu de temps pour vous pour bien commencer votre journée. Personnellement, je préfère me lever plus tôt pour disposer de ce temps supplémentaire. Même si vous ne prenez que dix ou quinze minutes par jour, c'est bien : c'est un temps que vous vous consacrez à vous-même. Et c'est très important.

« Je n'ai pas toujours disposé du temps que j'ai aujourd'hui, poursuivit-elle. Il faut savoir commencer petit. Quand vous vous levez, il est important de faire un rituel qui vous fait du bien, de vous dire quelque chose qui vous mette de bonne humeur. *La vie m'aime,* par exemple, c'est un bon début. C'est quelque chose de très agréable à dire. Puis, faites en sorte que ce que vous mangez pour le petit-déjeuner soit régénérant : que ce soit à la fois quelque chose de délicieux et de sain. Offrez à votre corps un bon repas matinal ; et nourrissez également votre esprit de pensées positives et réconfortantes. »

Sitôt qu'on est sorti du lit, on peut mettre à profit le pouvoir des affirmations pour imprimer une bonne direction à sa journée. Voici quelques exemples du genre de choses que vous pouvez vous dire de bon matin :

**Au moment où vous vous réveillez
et vous ouvrez les yeux :**

*Bonjour, mon lit, et merci d'avoir été si confortable.
Je t'aime.*

Mon cher/ma chère [votre nom], *cette journée est bénie.*

*Tout est bien. J'ai le temps pour tout ce que je dois faire
aujourd'hui.*

**En vous regardant
dans le miroir à la salle de bains :**

Bonjour [votre nom]. *Je t'aime.*
Je t'aime vraiment beaucoup.
Des expériences formidables t'attendent aujourd'hui.
Tu as l'air en pleine forme.
Tu a un sourire merveilleux.
Ton maquillage (ou ta coiffure) a l'air parfait.
Tu es vraiment mon idéal de femme (ou d'homme).

Nous allons passer une journée géniale aujourd'hui.
Je t'aime tendrement.

Sous la douche :

J'aime mon corps et mon corps m'aime.

C'est un vrai plaisir que de prendre une douche.

L'eau est très agréable.

J'éprouve de la reconnaissance pour les personnes qui ont conçu et construit cette douche.

Ma vie est vraiment bénie.

En allant au WC :

Je me libère facilement de tout ce dont mon corps n'a plus besoin.

L'ingestion, l'assimilation et l'élimination fonctionnent toutes parfaitement.

En vous habillant :

J'aime ma penderie.

J'ai vraiment de la facilité à m'habiller.

Je choisis toujours les choses qui me vont le mieux.

Je me sens bien dans mes habits.

Je fais confiance à ma sagesse intérieure pour choisir une tenue idéale.

Louise fit remarquer qu'il était aussi important de bien commencer sa journée quand on a des enfants, et que ça peut aussi être amusant. « Le matin est souvent un moment de tiraillements entre parents et enfants. Si l'on prend l'habitude de répéter des affirmations positives avec ses enfants, tandis qu'ils s'habillent ou qu'on prend le petit-déjeuner, non seulement on se prépare tous à une bonne journée, mais on transmet du même coup des habitudes précieuses à ses enfants. »

J'ai aussitôt pensé à mon amie Nancy qui a transformé les matinées de la famille de sa sœur grâce à un simple jeu. Alors que Nancy concluait un accord avec son neveu de cinq ans, pour qu'il parvienne à arrêter de sucer son pouce d'ici à sa prochaine visite, sa nièce a décidé qu'elle voulait aussi avoir un défi à relever.

En l'occurrence, cette nièce détestait le matin, car elle n'aimait pas aller à l'école. « Isabelle était très irritable et revêche, au réveil », me raconta mon amie, « et son mauvais caractère suscitait énormément de stress chez toute la famille. Je lui ai demandé ce qu'il faudrait pour qu'elle devienne une joyeuse petite fille matinale et elle m'a répondu, "Soixante-dix-sept dollars !". Alors, j'ai saisi cette opportunité et j'ai déguisé un nouveau rituel positif en un petit jeu, tout en acceptant la proposition qu'elle me faisait. »

Nancy a dit à sa nièce qu'elle lui donnerait 77 $ à sa prochaine visite, six semaines plus tard, si elle parvenait à être heureuse le matin. « Je lui ai dit, "Tu te lèveras dès la première sonnerie du réveil, puis tu t'assoiras dans ton lit, tu accueilleras la journée qui débute avec un sourire et tu t'habilleras. Tu n'iras prendre le petit-déjeuner qu'une fois que tu seras prête pour l'école". » Isabelle a accepté de jouer à ce petit jeu, qui a eu un succès inattendu.

« Cela fait maintenant deux mois que ça dure et ma sœur me dit que ce nouveau rituel du matin a tout bonnement changé leur vie », m'a dit Nancy. « Isabelle se lève désormais à l'heure, elle est heureuse et prête à prendre son petit-déjeuner en un rien de temps. Et le plus drôle, c'est qu'elle ne m'a même pas demandé les soixante-dix-sept dollars ! » Si toute cette aventure a commencé comme un jeu pour gagner de l'argent, pour Isabelle, ça lui a surtout permis d'acquérir une nouvelle habitude quotidienne qui a transformé la façon dont toute sa famille commence la journée. Au final, le surcroît de bonheur de cette famille semble avoir été le seul paiement que désirait cette petite fille.

Louise pense qu'il est important de travailler avec les enfants de cette manière. « Nous devons donner aux enfants des outils pour les aider à se sentir bien », me dit-elle. « Les parents peuvent commencer en communiquant à leurs enfants des messages simples qu'ils peuvent répéter, du genre : *C'est tellement facile de s'habiller. J'adore m'habiller. Le petit-déjeuner est toujours un moment agréable. On est tellement content de se retrouver. On adore prendre le petit-déjeuner ensemble. Le petit-déjeuner fait du bien à mon corps.*

« Les parents peuvent même proposer un tour de table où chaque membre de la famille exprime quelque chose qu'il aime à son propre sujet. Ou alors, on peut mettre des affirmations dans un bol et en choisir une sur laquelle toute la famille se concentrera ce jour-là. Voilà qui peut faire un rituel pour les couples, pour les familles, pour des colocataires, et ainsi de suite. Autre alternative : chacun peut décider d'une expérience qu'il aimerait faire ce jour-là et se créer une affirmation à cet effet. »

Je me suis imaginé combien le monde serait différent si nous élevions nos enfants en leur apprenant à gérer leurs pensées et leurs actes de manière positive. Si nous ne consacrions qu'un dixième de l'énergie actuellement utilisée pour les devoirs, le sport ou les activités parascolaires, à développer cette aptitude-là, nous parviendrions à changer la conscience de la planète de manière tangible.

Tandis que notre séjour à Londres touchait à sa fin, je me suis rendu compte que j'étais tout excitée à l'idée de prêter encore davantage d'attention à la façon dont je commençais ma journée. J'ai dit à Louise que je veillerais à être plus consciente de mes pensées et de mes actes, dès mon réveil.

« On n'a pas besoin de tout changer d'un seul coup, fit-elle observer (quelle intuition ! Elle avait sans doute pressenti ma tendance à vouloir trop en faire !). Il suffit de se choisir un rituel pour le matin et de commencer comme ça. Puis, une fois qu'on en a fait une habitude, on en choisit un autre et on continue de s'entraîner. Inutile de se surcharger. L'idée, ne l'oublions pas, est de se sentir bien. »

Justement, je me sentais très bien. En quittant la chambre d'hôtel de Louise, je m'estimais une fois de plus très chanceuse de travailler sur ce livre. Contrairement à d'autres projets d'écriture où j'étais stressée par les échéances et où j'avais tendance à remettre les choses au lendemain, cette fois-ci je me sentais inspirée et reconnaissante. Comment aurait-il pu en être autrement ? Après tout, je suivais une

Master class avec une femme qui savait bien vivre... exceptionnellement bien vivre !

CHAPITRE 4

VOTRE FAÇON DE VIVRE CHAQUE JOUR DÉTERMINE COMMENT VOUS VIVEZ VOTRE VIE

L'hiver s'installait, une période à laquelle j'avais normalement tendance à me sentir un peu morose et déprimée, à l'idée de voir le jour diminuer et le froid arriver, ainsi que la neige. Mais les choses ont changé. Ce matin, je me suis réveillée en souriant. En regardant par la fenêtre de ma chambre à coucher, j'ai rempli mes yeux du soleil dont les rayons réchauffaient mon visage et mon cou, et j'ai répété le rituel que je fais maintenant depuis quelques semaines : « Merci, mon cher lit, pour une nouvelle merveilleuse nuit de repos ».

Mon chat, Poupon, s'est blotti contre moi dans sa position habituelle, sous mon bras, il a entendu ce que je disais, et tendu la patte pour me toucher le visage.

La vie est belle, ai-je pensé. Pour la première fois depuis longtemps, je me réjouissais de la venue de l'hiver. J'étais impatiente de redécouvrir la beauté sauvage des tempêtes de neige, ici, dans le nord-est, ce manteau de silence qui revêt nos maisons, une fois que la neige tombe, et l'occasion qui m'était ainsi offerte de me terrer chez moi pour écrire ce livre.

Avant de sortir du lit, j'ai regardé Poupon dans les yeux et j'ai dit, « Oui, mon ange, aujourd'hui sera une journée vraiment formidable ». Je m'apprêtais à rendre visite à Louise chez elle, à San Diego. Une invitation de dernière minute à donner une conférence nous donnait l'occasion de passer quelques jours à travailler ensemble. J'allais m'envoler pour la prochaine étape de cette aventure !

Il faisait si beau et chaud à San Diego que j'avais l'impression d'être à des années-lumière des températures glaciales de chez moi, dans le Massachusetts. Cela faisait des heures que je voyageais, aussi me réjouissais-je de pouvoir boire une tasse de thé et prendre un bon repas.

La voiture me déposa devant un bâtiment majestueux du centre-ville. À peine en avais-je franchi la porte d'entrée, en tirant derrière moi ma valise, qu'un aimable portier s'avança vers moi et me conduisit jusqu'à l'ascenseur qui devait me mener jusqu'à l'appartement de Louise.

Tandis que la porte de l'ascenseur s'ouvrait lentement sur un petit vestibule, j'entrevis un élégant décor asiatique, tout en entendant les chants que diffusait une agréable musique de fond. Je sonnai à la porte et Louise m'accueillit avec ce sourire qui lui servait de signature. « Bienvenue, ma chère, entre donc ! »

J'eus l'impression de franchir le seuil d'un autre monde. « Est-ce que cette musique passe constamment ? », demandai-je, en jetant un dernier regard au vestibule, intriguée par cette idée d'accueillir ses hôtes avec ces chants aux sonorités apaisantes.

« Oui », répondit-elle rapidement, tout en refermant derrière moi la porte avec la douceur d'un moine. Elle me fit signe de la suivre, tandis que je balayais du regard son appartement avec étonnement. En effet, cet endroit ressemblait à maints égards à un magnifique spa.

Le domicile de Louise était grandiose ; la vue fantastique ; et le décor lumineux, joyeux et rempli de couleurs vives. Il y avait une petite fontaine qui glougloutait dans l'entrée, derrière une rangée de plantes vertes luxuriantes. En passant devant un large escalier circulaire, je me retrouvai devant une statue géante de Quan Yin, déesse de la compassion. Elle semblait tout à fait chez elle.

Le séjour était une vaste pièce ouverte, avec de grandes fenêtres donnant sur le centre-ville de San Diego et le Balboa Park. Je me dirigeai immédiatement vers un grand jardin d'orchidées surplombant un piano demi-queue. « Ouah, depuis quand possèdes-tu cela ? » Je voulais savoir. « C'est magnifique. »

« C'est un cadeau que quelqu'un m'a fait, il y a déjà un certain temps, et je ne fais que remplacer les orchidées quand c'est nécessaire. »

En parcourant du regard tout l'espace, je pris note que les orchidées y étaient un thème récurrent. J'en voyais partout.

Louise me montra ma chambre et nous convînmes de dîner tôt, dès que j'aurais eu le temps de défaire mes bagages et de me rafraîchir un peu.

Tout en m'installant dans cette chambre d'amis, je pris le temps de réfléchir à tous les changements que j'avais opérés dans ma façon de démarrer la journée, depuis ma dernière conversation avec Louise. Dès mon retour de Londres, je m'étais mise à observer les pensées que j'avais pour habitude d'associer à mes diverses tâches matinales, et j'avais été surprise de voir tout ce que cela m'avait permis d'apprendre sur moi. J'avais remarqué que j'avais pour habitude de me concentrer sur divers problèmes, par exemple, tout en prenant ma douche. À peine commençais-je à me laver le visage ou à faire un shampooing que mon mental s'emparait d'un e-mail difficile auquel il fallait que je réponde, d'une requête que je souhaitais décliner ou d'une échéance critique qu'il me fallait tenir. À mesure que ma douche se prolongeait, je tournais et retournais la situation dans ma tête, dans une vaine tentative d'y trouver une solution, en espérant me sentir mieux. Mais tout au contraire, à la fin de ma douche, et une fois que je m'étais séchée, j'abordais ma journée avec angoisse.

De la douche, cette manière de penser me poursuivait ensuite dans d'autres tâches, qu'il s'agît de me laver les dents, de choisir mes habits pour la journée ou de m'habiller. Le subtil monologue négatif qui accompagnait la découverte d'une nouvelle ride ou d'une imperfection du visage se transformait fréquemment en de grandes conversations intérieures sur les conséquences du vieillissement ou la nécessité de perdre du poids. De toute évidence, j'avais du travail à faire.

Ce qu'il y a de magnifique, dans la prise de conscience, c'est qu'elle nous permet de briser nos habitudes. Prêter attention à nos dialogues intérieurs – aux choses qu'on se répète jour après jour – permet de s'approcher de la vérité. Les messages que nous nous répétons du matin au soir creusent un sillon dans notre esprit, ce qui leur confère plus de pouvoir. Ils émettent également une énergie dans le monde, attirant à nous l'objet même de notre concentration.

Sitôt que je pris conscience du degré auquel ces habitudes de pensée s'étaient ancrées en moi et de leur omniprésence, j'entrepris de les modifier. Je commençai par affirmer les changements que je souhaitais mettre en œuvre, en mettant l'accent sur l'amour et l'acceptation de soi. Je me mis à écrire, à dire et à coller un peu partout chez moi des affirmations, des petits messages qui disaient : *J'ai de la facilité et du plaisir à changer mes pensées, J'adore améliorer ma routine matinale,* et *J'ai de la joie à me parler avec gentillesse et amour.* Je suis même allée jusqu'à mettre une note dans ma douche qui disait : *Je prends une douche de bonnes pensées durant toute la journée !*

Après m'être mise à utiliser les affirmations dont Louise et moi avions parlé au cours de notre dernière conversation, j'ai observé des changements en l'espace de quelques semaines seulement. Ces nouvelles pensées remplaçaient progressivement les anciennes, de sorte que mes matinées devenaient de plus en plus agréables et paisibles. Je m'étais programmé un début de journée beaucoup plus agréable et c'était effectivement agréable...*très agréable.*

Après avoir terminé de m'installer, Louise et moi avons décidé d'aller à pied jusqu'à un restaurant du quartier, pour y dîner. En attendant d'être servie, je lui ai fait part de tout ce qui m'était arrivé depuis notre dernière visite, des prises de conscience que j'avais eues et des changements que j'avais entrepris.

« C'est bien », me dit-elle. « Tu commences à prêter attention. Nous devons prendre conscience de ce que nous avons l'habitude de nous dire dans la journée. Il est important de commencer par écouter. Sitôt que tu constates que tu te répètes quelque chose plus de trois fois, c'est sans doute le signe que tu le dis bien plus que ça. Par exemple, pour certaines personnes, "Et merde !" peut s'avérer être une expression très répétitive. Si l'on parvient à reprendre le contrôle d'une journée, on retrouve du même coup de l'emprise sur sa vie. »

C'était exactement l'expérience que je faisais.

« Alors, continuons de créer notre journée comme nous la voulons », suggéra Louise. « Tu peux commencer par prêter attention à la façon dont tu pars de chez toi. À quoi penses-tu ou que te dis-tu quand tu ouvres la porte pour sortir ? Et que dis-tu en la refermant ? À quoi penses-tu quand tu descends les escaliers ou quand tu montes dans ta voiture ? Abordes-tu ta journée avec excitation et enthousiasme, ou plutôt avec stress et inquiétude ? Quand tu pars de chez toi, c'est le moment idéal pour planifier la journée, pour programmer ce que tu souhaites voir se produire, au lieu de laisser faire le hasard. »

Je réfléchis à ma façon de faire et, de toute évidence, je n'avais pas pour habitude de programmer ma journée. En général, je sortais de chez moi par la porte principale, je descendais au garage, en m'assurant que je n'avais rien oublié d'éteindre, ni rien laissé d'inapproprié à portée du chat. En montant dans la voiture, je passais mentalement en revue la liste de courses et d'arrêts que je prévoyais de faire, afin de prendre un chemin qui me permettrait d'éviter le trafic.

« Bien, alors prenons justement la conduite comme exemple de la façon dont on peut démarrer autrement sa journée », proposa Louise. « Premièrement, fais en sorte que ta voiture soit ton amie. Parle-lui gentiment. Je dis souvent, "Bonjour ma chérie, comment vas-tu, ravie de te voir. On va faire un joli trajet jusqu'au bureau". Tu peux même donner un nom à ta voiture, comme je l'ai fait. Et quand je pars de chez moi, j'affirme : *Je suis entourée de bons conducteurs et j'envoie de l'amour à toutes les voitures qui m'entourent.* J'aime bien sentir qu'il y a de l'amour partout sur la route. »

Louise m'indiqua d'autres affirmations à utiliser quand on conduit, que j'ai rapidement notées :

Mon trajet s'effectue facilement et sans effort.
Tout se passe bien et plus rapidement que prévu.
Je me sens bien dans ma voiture.
Je sais que ce sera un trajet magnifique jusqu'à mon bureau [ou à l'école, au supermarché ou ailleurs].
Je bénis ma voiture de tout mon amour.
Et j'envoie de l'amour à toutes les personnes qui sont sur la route.

Quelle façon géniale de voyager ! En écoutant les affirmations qu'utilisait Louise au volant, j'ai réfléchi à cette idée d'envoyer de l'amour à toutes les personnes se trouvant en même temps que nous sur la route. Une fois encore, imaginez à quoi ressemblerait un monde où chaque conducteur agirait comme cela. Si l'idée peut sembler un peu folle, a priori, je ne peux m'empêcher de me sentir inspirée par cette vision-là de l'avenir : une société où chaque être humain comprend sa nature spirituelle et, par conséquent, se sert de la puissance créatrice de son esprit pour remplir le monde de bonnes intentions. Puisque les pensées influencent la réalité, songez un instant combien notre planète changerait. Après tout, cette vision n'est peut-être pas si tirée par les cheveux que cela.

La prise de conscience de l'importance de ce que nous émettons dans le monde, de l'influence qu'exerce notre énergie et des possibilités qu'elle nous offre, signifie que l'acte de bénir ses enfants – et tous les autres élèves aussi – au moment de les déposer à l'école est riche de conséquences. De manière analogue, émettre de l'amour en direction de l'employé de la poste ou de la caissière du supermarché a aussi beaucoup d'impact. Poser l'intention de passer une journée formidable avec vos collègues, également. Chacun de ces actes tout simples porte en lui les germes d'un monde meilleur, puisqu'il focalise notre énergie dans la bonne direction.

« Nous avons tant d'occasions dans la journée d'inonder notre esprit de pensées positives », ajouta Louise. « Et ça peut être très simple. Tout en vaquant à vos affaires, souriez et dites-vous des choses du genre :

J'aime ma vie.
J'aime cette journée.
La vie m'aime.
J'adore quand il fait soleil.
C'est merveilleux de ressentir tout
cet amour dans mon cœur.

Tout ce que je fais me procure de la joie.

« Ces pensées-là vont vous forger une vie toute neuve. »

Louise et moi avons continué de faire du brainstorming pour trouver d'autres façons de remplir la journée de bonnes pensées. Voici certaines des idées qui nous sont venues :

Dans la cuisine :

Louise m'a dit, « Je remercie toujours ma gazinière de fonctionner si bien quand je prépare à manger ». Alors, quand vous êtes dans votre cuisine, prenez l'habitude de remercier tous vos appareils électroménagers. Remerciez votre lave-vaisselle, votre mixer, votre bouilloire, le réfrigérateur et ainsi de suite, et utilisez les affirmations suivantes :

Bonjour à toi, ma cuisine, tu es pour moi le centre de la nutrition. Je t'apprécie beaucoup ! Toi et tous mes appareils électroménagers, vous m'aidez beaucoup à préparer des repas délicieux et nutritifs. Il y a tant d'aliments sains et savoureux dans mon réfrigérateur. Il est facile de faire des plats nourrissants et délicieux. Tu m'aides à être de bonne humeur. Je t'aime.

Pendant le repas :

Comme nous sommes tous bien obligés de manger, vous pouvez associer des affirmations positives à chacun de vos repas :

Je suis tellement reconnaissante de pouvoir manger cette nourriture merveilleuse. Je bénis ce repas de tout mon amour. J'adore choisir des aliments qui sont à la fois sains et délicieux. Toute la famille apprécie ce repas. Les heures des repas sont des moments pleins de rires et de joie. Le rire fait du bien à la digestion. La préparation de repas sains est une vraie joie. Mon corps adore la façon dont je choisis les meilleurs aliments pour chaque repas. Quelle chance j'ai de pouvoir choisir des aliments sains pour toute ma famille. Nous voilà tous nourris, en préparation à la journée qui s'annonce. Dans cette maison, tous nos repas sont harmonieux. Nous nous réunissons dans la joie et l'amour. Les heures de repas sont des moments joyeux. Les enfants adorent goûter de nouveaux aliments. Mon corps guérit et se renforce à chaque bouchée que j'avale.

En faisant la lessive :

Choisissez trois ou quatre de vos affirmations favorites, tirées de ce livre, et collez-les sur la machine à laver et la sécheuse, afin de pouvoir vous les répéter tout en faisant la lessive.

Tout au long de la journée :

Prenez trente secondes pour vous détendre les épaules et fermer les yeux. Inspirez profondément par le nez, en comptant jusqu'à quatre. Retenez votre respiration en comptant jusqu'à deux, puis expirez lentement en comptant jusqu'à quatre. Terminez en ouvrant les yeux et en adressant une pensée d'amour à quelqu'un.

De plus, prenez l'habitude de vous poser régulièrement les deux questions suivantes durant la journée : *Comment puis-je me rendre heureux-se en cet instant ?* et *Quelles sont les pensées qui me procurent de la joie ?*

Quand vous êtes devant votre ordinateur :

Transformez les mots de passe de votre ordinateur en affirmations positives. J'ai parlé à Louise d'une amie qui a commencé à faire cela après avoir connu un divorce douloureux. Elle s'était rendu compte qu'un grand nombre de ses mots de passe avait un lien avec son ex-, alors elle les a changés pour en faire des messages positifs. Imaginez le plaisir que vous aurez à vous connecter en tapant « jaimelavie » comme mot de passe.

« On peut aussi utiliser des affirmations pour apprendre quelque chose ou pour travailler sur tel ou tel domaine de notre vie », ajouta Louise. « Voici quelques années, je me rappelle avoir collé des post-its avec des affirmations du genre : *Quoi que je fasse, mes affaires prospèrent,* et *Mes revenus ne cessent d'augmenter.* Je suis quelqu'un de très visuel et cela me faisait du bien de voir ces affirmations toute la journée. Au bout d'un certain temps, elles se sont réalisées. »

Donc, l'objectif est de mettre des affirmations un peu partout ?

« On a toujours du temps pour répéter une affirmation », convint-elle, en me faisant un clin d'œil. « J'ai même une affirmation en face des toilettes qui dit : *Je bénis chacun dans mon monde et je l'aide à connaître l'abondance, et en retour chacun me bénit également et m'aide à atteindre l'abondance.* Cela fait longtemps qu'elle est là. »

Et, après avoir fini, Louise et moi avons pris un dîner décontracté. Nous sommes rentrées à pied et avons décidé d'aller nous coucher tôt.

À mon réveil, je me sentais reposée et je me suis rendue dans la cuisine pour y faire une tasse de thé, tout en récitant mentalement quelques affirmations. Je me suis assise sur le sofa dans le séjour, dans l'attente de voir le soleil se lever derrière les montagnes. Je me rendais compte combien cet endroit était confortable.

Un peu plus tard, Louise est descendue à son tour avec l'un de ses livres de chevet : *A deep breath of life*, d'Alan Cohen. Elle me l'a passé en disant, « C'est le livre dont je t'ai parlé lors de notre dernière conversation. Jettes-y un œil. » Alors que je m'apprêtais à en ouvrir la première page, elle m'a suggéré, « Ouvre-le plutôt au hasard et vois ce que ce livre a à te dire ». Puis elle me laissa là.

Je fermai les yeux, je pris une inspiration profonde et j'ouvris le livre environ au milieu. Je fus aussitôt parcourue d'un frisson en lisant le titre de la pensée de ce jour-là : « Un espace pour Dieu ». Ce passage suggérait de dresser un autel chez soi, un lieu où se rappeler la présence de Dieu et l'honorer. J'étais frappée par cette synchronicité. Durant le mois qui venait de s'écouler, j'avais justement suggéré à mon mari, Michael, d'utiliser une petite pièce de notre maison pour y ériger un autel, chose qui me manquait depuis que nous avions quitté notre ancienne maison où nous en avions un. Je pris ce passage de livre d'Alan comme un signe fort qu'il fallait que j'en fasse une priorité.

J'ai rejoint Louise dans la cuisine et j'ai fait quelques commentaires sur le nombre d'endroits où il était possible de s'asseoir dans son appartement. « Il est important de prêter attention à la façon dont nous organisons notre cadre de travail et notre lieu de vie : les endroits où nous passons le plus clair de notre temps », m'expliqua-t-elle. « J'adore avoir différents endroits où m'asseoir et j'aime également disposer de vues différentes. J'ai une chaise longue dans ma chambre à coucher pour lire et un siège près de la fenêtre pour réfléchir. Je veille à garder des espaces au jardin, dans la cuisine, dans le séjour et dans ma chambre à coucher. J'ai également prévu un endroit confortable où m'asseoir lorsque je travaille avec mon assistante, Shelley, dans son bureau. »

De toute évidence, Louise a organisé les choses dans sa vie avec un mélange d'intention et d'attention aux détails. Durant des années, j'avais pris l'habitude de tolérer mon environnement, soit parce que je ne pouvais pas me permettre de le modifier, soit parce que j'étais tellement épuisée et débordée que je n'en avais pas l'énergie. Très tôt dans ma formation de coach, mon premier formateur avait souligné combien il était important de vivre et de travailler dans un environnement qui nous stimule. C'est là que j'ai commencé à prendre cette idée au sérieux. Je me suis débarrassée de tout ce qui m'encombrait, j'ai fait en sorte que ma maison et mon bureau restent propres et organisés, et je me suis aussi débarrassée de tout ce que je n'aimais pas ou dont je n'avais pas besoin.

Mais l'attention que Louise prêtait à chaque détail – veillant à ce que la vue soit agréable de chaque endroit, à son bureau comme à la cuisine, par exemple – élevait ce souci à un tout autre niveau. Parfois, il suffit d'un petit changement pour s'adresser un message fort à soi-même qui dit, « Je t'aime et je me préoccupe de tes besoins ».

Louise m'entraîna ensuite visiter l'étage supérieur de son domicile, où se situaient les bureaux. Quand nous sommes entrés dans le sien, j'ai vu qu'elle avait stratégiquement disposé des affirmations tout autour de son plan de travail et j'ai remarqué un petit miroir à maquillage fixé sur une lampe en accordéon près de son ordinateur. « Est-ce là que tu te maquilles ? » lui demandai-je.

Louise se retourna et parut surprise. « Pourquoi mettrais-je du maquillage à mon bureau ? Cette petite glace sert juste au travail avec le miroir. J'en ai un peu partout dans la maison, afin que je puisse m'adresser des messages positifs durant toute la journée. »

Il est rare de se sentir durablement embarrassée en présence de Louise. Sa façon d'être, toute d'amour et dénuée de jugement, nous empêche de nous sentir ridicule trop longtemps. Alors, me sentant juste un peu idiote, je lui ai demandé de m'en dire davantage sur la façon dont elle utilisait les miroirs.

« Le travail avec le miroir est très, très important », répondit-elle. « Ça ne prend qu'une seconde de se dire "Salut, toi !", ou "Tu as bonne mine", ou encore "Qu'est-ce qu'on s'amuse !". Il est extrêmement important de s'adresser de petits messages de ce genre, durant toute la journée. Plus on utilise le miroir pour se faire des compliments, pour s'approuver soi-même ou pour s'apporter du soutien dans les moments difficiles, plus on développe une relation à la fois plus agréable et plus profonde avec soi-même. Le miroir doit devenir notre compagnon, être un ami et non un ennemi. »

Devenir son propre meilleur ami, voilà qui peut ressembler à un slogan publicitaire, mais il est néanmoins crucial de le faire. La plupart d'entre nous sont si impitoyables avec eux-mêmes. Quand je repense à ma propre vie, je vois bien que durant des années j'ai commis l'erreur de croire que je parviendrais à me motiver à faire des changements positifs en me harcelant continuellement, avec la vieille mentalité « coups de pied au cul ». Aujourd'hui, j'ai une perception plus juste de cette façon de faire : ce n'est qu'un moyen de renforcer les croyances restrictives qui nous font peur et nous empêchent d'avancer.

En incorporant le travail avec le miroir dans ma propre vie, j'ai appris une leçon inestimable sur ce que signifie être son propre allié en toute situation. Au cours des deux ou trois dernières années, l'habitude de me regarder dans une glace et de me parler avec amour et de bonté, pour mieux me soutenir, a eu un impact gigantesque sur la relation que j'entretiens avec moi-même. J'ai fini par savoir – *par savoir vraiment* – que j'ai en moi-même une amie digne de confiance et que je serai toujours là pour me soutenir, quoi que je fasse, y compris des erreurs. Grâce à cette pratique, j'ai acquis la liberté de sortir de ma zone de confort et ma vie a connu une nouvelle expansion excitante.

« Quand il t'arrive quelque chose de bon dans la vie, va vers le miroir et dis-toi, "Merci, merci. C'est super ! Merci d'avoir fait cela", poursuivit Louise. « Et s'il se produit quelque chose de pénible, va de nouveau devant la glace et dis, "Ce n'est pas grave, je t'aime. Tout cela passera, mais moi je t'aime pour toujours." Nous devons nous soutenir verbalement, au lieu de nous blâmer et de nous critiquer. Nous nous dénigrons beaucoup trop : c'est l'écho de la voix de quelqu'un d'autre que nous avons entendue quand nous étions enfants. »

Hé oui, c'est la voix de nos parents que nous avons intériorisée, la voix des figures d'autorité de notre passé qui ont projeté sur nous leurs propres peurs et leur haine de soi. Nous sommes nombreux à avoir grandi en ne nous entendant dire que ce qui n'allait pas, par exemple, ou à avoir appris à nous protéger en minimisant nos dons et nos qualités, pour ne pas nous faire reprocher « d'avoir la grosse tête ». La pratique consistant à éduquer à coups de critiques permanentes est universelle, aussi finissons-nous par intérioriser ces voix sévères jusqu'à les faire nôtres. À propos, nos parents ont fait de même. Ces voix critiques sont donc de nature générationnelle : il faut savoir qu'en les écoutant et en leur obéissant, nous nous empêchons d'exprimer tout notre potentiel.

« Voilà pourquoi nous devons être notre meilleur supporter », dit Louise. « Il ne faut pas attendre cela des autres. Si tu es ton propre supporter, il est plus facile d'essayer de nouvelles choses. »

Après cette leçon devant le miroir, Louise m'a raccompagnée en bas, où nous avons poursuivi notre discussion sur l'art de reprendre le contrôle de sa journée. J'ai pris mon enregistreur audio et mon ordinateur portable, et je les ai apportés à la cuisine où je pouvais voir Louise préparer le petit-déjeuner. Je voulais qu'on parle de la manière d'introduire de la conscience et de bonnes intentions dans son travail. Après tout, c'est là que la plupart d'entre nous passent l'essentiel de leur vie. Et c'est également là que s'offrent à nous de nombreuses occasions d'affronter nos pensées négatives et de nous entraîner à cultiver des pensées agréables et à poser des actes positifs. Il s'avéra que Louise avait beaucoup à dire à ce sujet.

« Voici de nombreuses années, j'ai écrit un article sur l'art de bénir son travail, dans lequel j'exposais plusieurs choses positives que les gens peuvent faire pour cultiver de meilleurs sentiments par rapport à leur activité professionnelle », me dit-elle. « Au fil des ans, j'ai vu beaucoup de personnes améliorer leur qualité de vie au travail, que leur problème ait été l'ennui, la frustration, le manque d'appréciation ou le sentiment de ne pas avancer.

L'outil le plus puissant que je puisse partager avec toi, pour transformer n'importe quelle situation, c'est de faire appel à la puissance d'une bénédiction d'amour », me dit-elle avec insistance. « Je dis toujours aux gens : peu importe où vous exercez votre activité et quels sentiments vous éprouvez par rapport à cet endroit, offrez à votre travail une bénédiction d'amour. Je suis très sérieuse. Ne vous contentez pas de cultiver des pensées positives, de manière plus ou moins vague. Dites plutôt, "Je bénis ce travail de tout mon amour". Trouvez même un endroit où vous pouvez le dire à haute voix : c'est tellement plus puissant de pouvoir verbaliser son amour. Et ne vous arrêtez pas là. Bénissez chaque être et chaque chose, là où vous travaillez : le mobilier, les équipements, les divers appareils, les produits, les clients, vos collègues et tout ce que vous associez à votre travail. Ça opère des miracles. »

J'ai pris un instant pour réfléchir à ce que je pourrais bénir dans mon propre bureau, à toutes les petites choses que j'utilise chaque jour : mon plan de travail, mon ordinateur, les fenêtres qui procurent un cadre magnifique à une vue tout aussi belle, ou encore les stylos dont je me sers toute la journée. Puis, j'ai pensé à des choses encore plus importantes : à mes assistants, Chris et Nicole, deux femmes pleines de bonté et d'amour ; à mon comptable, Robin, qui prend soin du moindre détail de façon si fluide et gracieuse ; et aussi à ma webmestre, Terry, qui a une telle maîtrise de ce qu'elle fait. Je m'estime chanceuse de travailler en collaboration avec des individus que je respecte et admire, car je sais par expérience que les relations professionnelles peuvent parfois s'avérer très difficiles.

Au fil des ans, j'ai reçu des milliers de demandes d'employés, d'employeurs ou de collaborateurs mécontents ; alors, j'ai demandé à Louise de me donner son avis sur ces relations-là.

« Si tu as des problèmes au travail avec quelqu'un, tu peux faire appel à ton esprit pour transformer la situation », me répondit-elle. « Les affirmations sont très utiles dans ce sens. Essaie par exemple : *J'ai une relation merveilleuse avec tout le monde, au travail, y compris* _______. Chaque fois que cette personne te vient à l'esprit, répète cette affirmation. En te rendant au travail, affirme des choses du genre : *Je suis entourée de collaborateurs merveilleux, C'est un vrai plaisir que de travailler avec mes collègues,* ou encore *Nous passons vraiment de bons moments.* Quoi qu'il arrive, continue de répéter cela. Et chaque fois que tu te surprends à dire autre chose, arrête-toi et dis : « Non, non, non, j'ai une relation merveilleuse avec tous mes collègues ». Chaque fois que tu penses à eux, en particulier à ceux avec qui tu as des problèmes, concentre-toi sur ce qu'il y a de positif en eux et non sur le négatif. Tu seras surprise de voir à quelle vitesse votre relation s'améliorera. J'ai assisté à des choses que tu n'imaginerais même pas. Contente-toi d'exprimer ces affirmations et laisse l'univers s'occuper des détails. »

J'ai demandé à Louise si elle se rappelait une histoire, tirée de sa vie, qui mettait en évidence ce genre de miracles au niveau des relations professionnelles. Elle en avait justement une formidable à me raconter.

"I remember having a client named George years ago, who had a new job coming up—he was a pianist in a nightclub. During our first meeting he said, 'I'm excited about my new job, but the only problem is that the boss has a horrible reputation with employees. Everybody's afraid of him. They hide from him, and people even tell me they hate him. I wonder what I'm going to do.'

« Je me souviens d'un client qui était venu me voir, voici des années. Un nouvel emploi se présentait à lui : il était pianiste dans un pub et s'appelait Georges. Au cours de notre première rencontre, il a dit, « Je me réjouis de ce nouveau poste : le seul problème, c'est que mon futur patron a une réputation horrible par rapport à ses employés. Tout le monde a peur de lui. Chacun essaye de l'éviter et certains m'ont même dit qu'ils le détestaient. Je me demande ce que je vais faire. »

« Alors je lui ai répondu, "Bien. Premièrement, en vous approchant de cet immeuble, offrez-lui une bénédiction d'amour. S'il y a là des ascenseurs ou des portes, bénissez-les également de tout votre amour. Si vous avez une loge, bénissez-la de votre amour. En fait, bénissez tout l'endroit de votre amour, y compris chacun des employés, et affirmez que vous avez une relation absolument merveilleuse avec votre patron. Continuez de répéter : *J'ai une relation merveilleuse avec mon patron*. Et au moment de quitter le bâtiment, continuez de le bénir de votre amour."

« En l'espace de six semaines, il est revenu me voir et m'a dit, "Tout le monde est étonné. Le patron m'aime vraiment. Il vient toujours vers moi et me dit, "Salut, Georges : comment ça va ? Tu fais vraiment du bon boulot". Il lui est même arrivé de me passer des billets de vingt dollars, de temps en temps [ce qui représentait beaucoup d'argent à l'époque]. Tous les autres employés sont choqués. Ils n'arrêtent pas de me demander : "Mais comment diable t'y prends-tu ?". »

« Comme tu vois, ça a marché pour Georges. Le patron était méchant envers tous les autres, mais il était formidable avec lui. »

Voilà qui illustrait combien il est facile de se laisser piéger par les histoires des autres. Comme Georges, nous sommes nombreux à commencer quelque chose de nouveau – un emploi, un cours, un groupe de bénévoles, la vie dans un nouveau quartier – et à gober tout cru les histoires des personnes qui sont déjà là, au lieu de programmer le genre d'expériences que nous souhaitons faire.

Comme l'expliquait Louise, « Parfois, nous emportons notre histoire avec nous. Si tu détestes le travail que tu fais maintenant, par exemple, tu cours le risque d'apporter cette haine avec toi à ton prochain poste. Même si ce nouvel emploi est super, tu te retrouveras rapidement en train de le détester aussi. Les sentiments et les pensées que tu cultives actuellement se transféreront dans ce nouvel endroit. *Si tu vis dans le mécontentement, tu le retrouveras partout où tu iras. Ce n'est qu'en changeant de conscience que tu commenceras à obtenir des résultats positifs dans ta vie.*

« Si tu détestes absolument ton poste actuel, essaye l'affirmation suivante : *J'aime toujours les endroits où je travaille. Je décroche toujours les meilleurs emplois. Et l'on m'apprécie toujours.* Si tu t'y mets, quand un nouvel emploi se présentera à toi, ce sera quelque chose de bien, auquel tu prendras vraiment plaisir. En affirmant continuellement cela, tu vas te forger une nouvelle loi personnelle et l'univers y répondra conformément. Les semblables s'attirent, et, si tu la laisses faire, la Vie trouvera toujours le moyen de te procurer de bonnes choses.

« Si tu envisages de dénicher un nouveau poste, alors continue de bénir celui que tu as actuellement et essaye l'affirmation suivante : *Je libère ce poste pour une autre personne qui sera ravie de le décrocher.* Cet emploi était idéal pour toi, à l'époque où tu l'as trouvé. Mais maintenant que ton estime de soi s'est développée, tu es prêt à passer à quelque chose de meilleur. Tes affirmations doivent être :

J'accepte un poste qui fait appel à toutes mes capacités créatrices. C'est un emploi profondément satisfaisant, et c'est avec beaucoup de joie que je vais au travail chaque jour. Je travaille pour des gens qui m'apprécient. Le bâtiment où se déroule mon activité est lumineux et spacieux : on y respire l'enthousiasme. Mon nouveau poste est situé dans un endroit idéal et je touche un bon salaire, ce pour quoi je suis profondément reconnaissante.

Donc, on déniche une bonne situation en commençant par s'y projeter mentalement ?

« Oui, tu dois avoir pour objectif d'être celle qui répète des affirmations et qui entend ses amies évoquer leurs problèmes, plutôt que d'être toi-même l'amie qui a ces problèmes-là. Chacune de tes pensées te projette dans certaines expériences et, sitôt que tu en prends conscience, tu peux beaucoup mieux réussir ta vie. »

À ce moment-là, nous avons décidé de faire une pause, car nous devions nous préparer pour la journée. Il était prévu que nous nous rendions dans les bureaux de Hay House à Carlsbad, au nord de San Diego, pour y déjeuner et y rencontrer les employés.

Louise et moi sommes descendues au garage pour prendre sa voiture. En prenant place dans le siège passager, j'ai esquissé un sourire en lisant l'affirmation affichée sur le tableau de bord : *Souris avec ton foie.* L'espace d'un instant, j'ai imaginé un immense smiley jaune collé sur mon foie, pour le maintenir en bonne santé et joyeux.

Durant notre trajet jusqu'aux bureaux de Hay House, j'ai changé la conversation pour aborder maintenant le point de vue de l'employeur. En effet, je me demandais comment on peut avoir un impact positif sur son lieu de travail, quand on est soi-même le patron.

« Si c'est toi l'employeur, il est important de remercier tes employés », me dit Louise. « Les gens adorent recevoir de petits messages de temps en temps, qu'on leur donne l'accolade ou qu'on leur exprime de la reconnaissance d'une manière ou d'une autre pour leur travail bien fait. Ainsi, tout le monde se sent bien. »

Donc, la bonne vieille idée de « gouverner d'une poigne de fer » n'est plus adaptée ?, fis-je en prétendant être sérieuse.

« *Jamais !* Je ne comprends pas ces patrons qui pensent que leurs employés travailleront mieux s'ils leur crient dessus. Ça ne marchera pas, parce qu'ils auront peur ou éprouveront du ressentiment, et personne ne fait du bon travail avec de tels sentiments. Si c'est toi le patron, tu dois avoir conscience de ce que tu fais à tes employés. "Eh bien, je vais les faire bosser plus dur !" Cela ne va pas les faire travailler davantage, ça va juste les effrayer. »

Il me paraissait évident que Louise se préoccupait beaucoup des personnes qui travaillaient dans son entreprise. Au moment où nous sommes arrivés à ses bureaux, l'une des premières choses qu'elle avait prévu de faire était justement d'enregistrer une vidéo de remerciement pour un employé qui quittait Hay House après y avoir travaillé de nombreuses années. Je lui ai demandé ce qu'elle comptait lui dire.

« J'ai l'intention de lui dire, "Nous t'aimons. Nous te souhaitons une vie fabuleuse, après ton départ. Merci d'avoir passé tout ce temps ici. Tu nous as beaucoup aidés. Poursuis ta route, avec de nouvelles aventures comme tu n'en as jamais eu auparavant", répondit-elle.

« Ce sont des choses que je dis souvent quand j'écris de petits messages : *Que ta vie continue d'évoluer et de prendre de l'envergure* ».

Quelle personne ne se sentirait pas dynamisée et pleine de confiance, en recevant de tels messages de son employeur, qui visiblement se soucie d'elle ?

Qui n'aurait pas envie de se donner à fond dans son travail et de contribuer au succès d'une telle entreprise ?

Les marques régulières de reconnaissance restent pourtant rares sur le lieu de travail. Nous sommes très nombreux à n'avoir jamais reçu le moindre encouragement positif dans notre enfance, d'où le fait que nous ne songeons pas à en donner aux autres, une fois devenus adultes.

Mon premier coach tenait rigoureusement à qu'on exprime de la reconnaissance et de l'approbation à nos clients. Il m'avait demandé de mettre partout dans mon bureau des post-its où il était écrit *Reconnaissance ! Reconnaissance ! Reconnaissance !* Il voulait que je me rappelle à chaque instant d'être une supporter inconditionnelle des qualités et des réussites de mes clients. De toute évidence, c'est une compétence à développer et à mettre en pratique, surtout par les patrons. Ils ont beaucoup à gagner de ce genre d'habitudes quotidiennes.

Chez Hay House, Louise m'a fait faire le tour des bureaux et j'ai eu du plaisir à faire la connaissance des hommes et femmes avec qui je travaille, que je ne connaissais jusqu'ici que par téléphone ou par e-mail. Il y a tant de gens formidables dans cette entreprise qui ont vraiment à cœur les produits qu'ils diffusent dans le monde : qu'il s'agisse de livres, de programmes en ligne, de films, d'événements ou d'autres outils qui ont un formidable impact sur leurs clients et contribuent à changer leur vie.

Durant toute l'après-midi, tandis que Louise et moi enchaînions réunions et conversations, elle a constamment maintenu une humeur positive et optimiste. Je n'en revenais pas de l'énergie qu'avait cette femme de quatre-vingt-quatre ans !

À la fin de la journée, je suis passée dire au revoir à l'équipe de productions de Radio Hay House. Leurs bureaux se trouvent juste à côté de la réception et je surveillais d'un œil l'arrivée de Louise qui devait me rejoindre devant l'entrée principale. Tout en me tenant à l'entrée du studio, je l'ai vue arriver, en grande conversation avec un employé : un jeune homme qui devait avoir la trentaine. À la fin, j'ai vu qu'elle lui donnait l'accolade en lui disant, « Je t'aime ». Je n'en revenais pas et me suis dit, *Quel autre patron agit ainsi, dans toute l'Amérique des entreprises ?*

Une fois la journée de travail terminée, le retour à la maison s'accompagne de ses propres habitudes de pensée. Alors, tandis que nous conduisions pour rentrer chez elle, Louise a achevé de compléter notre programme quotidien. « Une fois encore, il faut se poser la question : comment je me sens, quand je rentre chez moi ? Qu'est-ce que j'éprouve quand mon partenaire (ou mon colocataire, ou quelqu'un d'autre) franchit la porte d'entrée ? Je me rappelle avoir passé autrefois quelque temps avec une amie qui avait pour habitude d'accueillir son mari en lui faisant part des dernières catastrophes. En la voyant faire, je m'étais dit, *Pourquoi fais-tu cela ?* À l'époque où j'étais mariée, je faisais toujours en sorte d'accueillir mon mari en le prenant dans les bras et en l'embrassant, pour lui souhaiter la bienvenue. Tandis que mon amie s'empressait d'annoncer toutes sortes de mauvaises nouvelles à son mari : les toilettes ne fonctionnent plus, les enfants se sont mal comportés, etc. Or, ces nouvelles-là auraient bien pu attendre une ou deux minutes, le temps de lui dire, “Bonjour chéri ! Je t'aime. Comment s'est passée ta journée ?” »

En rentrant, comme en quittant la maison le matin, nous devons prendre conscience des pensées qui nous habitent. Prenez quelques instants pour vous poser la question :

Comment je me sens quand je me gare devant chez moi ? Qu'est-ce que j'éprouve lorsque je franchis la porte d'entrée ? Quelle est la première chose que je dis aux autres ou à moi-même quand j'arrive chez moi ?

Bien entendu, Louise a plusieurs affirmations à utiliser à l'approche de la porte d'entrée :

Bonsoir, ma maison ! Me voilà de retour. Je suis bien contente d'être là. Je t'aime. Passons une bonne soirée ensemble. Je me réjouis de revoir ma famille. Nous allons passer un bon moment tous ensemble ce soir. Les enfants vont boucler leur devoir en un rien de temps. Le dîner semble en train de se faire.

« Te réjouis-tu de ta soirée, chez toi ? », poursuivit Louise. « Si oui, pourquoi ? Et sinon, pourquoi pas ? À quoi penses-tu quand tu prépares le dîner ou que tu commandes tes plats préparés ? Est-ce que le dîner est un événement joyeux, ou est-ce plutôt quelque chose qui te frustre ou t'irrite ? Est-ce que tu choisis les pires aliments possibles – aliments industriels et fast-foods – ou plutôt quelque chose qui te nourrit vraiment ? Quel est ton monologue intérieur quand tu débarrasses la table et que tu ranges les affaires ? Est-ce que tu te réjouis d'aller au lit ? »

J'ai souri à l'écoute de sa dernière question. Je me réjouis toujours d'aller au lit. Une fois ma journée de travail terminée, je fais de l'ordre sur mon bureau, je m'organise pour la matinée suivante, puis je referme la porte. Il est important pour moi de mettre un terme clair et précis à mes heures de travail.

Quand vient le moment d'aller dormir, je considère ma chambre à coucher comme un sanctuaire, un lieu de régénération et de guérison. Chaque fois qu'on me demande quelle est la clé de mon succès, « une bonne nuit de sommeil » est l'une de mes réponses les plus fréquentes. J'ai absolument besoin de cela – au moins huit heures de sommeil par nuit – et j'ai pris la résolution d'honorer ce dont mon corps a besoin pour bien se reposer.

Voici les quelques règles simples que je me donne pour jouir de tout le sommeil dont j'ai besoin :

- Je vais au lit tous les soirs à la même heure (raisonnable).
- Pas de TV dans la chambre.
- Il faut qu'il fasse noir dans la pièce, et un peu frais.

- Pas de nourriture ni de caféine, au moins trois ou quatre heures avant le sommeil.

- Des draps doux et confortables.

- Le lit dans lequel je me glisse a été préchauffé par une couverture chauffante (que je débranche au coucher).

- Je lis un bon livre pour laisser venir le sommeil.

J'ai tout de même avoué à Louise que, bien que je n'aie aucun appareil électronique dans ma chambre à coucher, il m'arrive de temps en temps de me laisser prendre par une histoire aux infos et de finir par la lire sur mon smartphone, au lit. Sa réaction fut immédiate : « Non, non, non ! Regarder les nouvelles juste avant de sombrer dans le sommeil attire toute cette négativité dans ton univers onirique. Je suis totalement opposée à ce que les gens lisent ou regardent les nouvelles au lit ! »

Mais je préfère regarder les nouvelles en ligne, d'un endroit où je peux contrôler ce que je regarde, lui répondis-je. Je suis quelqu'un de très sensible, aussi je ne regarde jamais de nouvelles violentes susceptibles de me perturber ou de faire naître en moi un sentiment d'impuissance.

« Je me fiche de quoi traitent les infos », trancha Louise. « Tu dois faire attention à ce que tu introduis dans ta conscience avant ton sommeil. Je ne transige pas avec cela. »

Elle me rappelait ainsi une fois de plus qu'une bonne attention à soi commence par une bonne attention à ses pensées. Il est si facile d'ignorer ou de minimiser ces habitudes occasionnelles susceptibles de mettre en danger notre santé mentale ou émotionnelle. En écoutant Louise s'opposer passionnément à toute lecture des nouvelles avant de se coucher, j'ai pris la décision de ne plus jamais le faire. À l'avenir, je ne lirai que de bons livres avant de dormir.

« J'adore lire des histoires qui m'émeuvent, des récits ayant une dimension humaine, ou encore quelque chose qui m'inspire », dit-elle. « Pour moi, la lecture passe avant tout. Je ne regarde plus guère la télévision. Pour moi, la télévision c'est ultramoderne : je n'ai pas été élevée avec cela. Parfois, j'écoute des CDs de méditation avant d'aller au lit et il m'arrive même de m'endormir dessus, à faible volume. Je termine généralement par une bénédiction, je dis merci pour la journée qui vient de s'écouler et ce que j'ai pu accomplir.

Puis, je salue mon lit et je me prépare à m'endormir. Parfois, il m'arrive de passer la journée en revue, mais pas toujours. La journée s'achève. »

Pour se préparer à conclure la journée et pour en finir avec l'art de vivre plus consciemment du matin au soir, j'ai demandé à Louise si elle exécutait un rituel ou un autre avant de sombrer dans le sommeil.

« Je fais quelques respirations profondes, en fermant les yeux. Puis, durant l'inspiration, je dis, "La vie..." et pendant l'expiration "...m'aime". Je fais cela plusieurs fois, en laissant le sommeil m'envahir : "La vie m'aime, la vie m'aime, la vie m'aime".

Une belle façon de conclure la journée, effectivement...

CHAPITRE 5

NE ROMPEZ PAS AVEC UNE HABITUDE, DISSOLVEZ-LA !

Nous nous étions perdus.

Mon mari, Michael, et moi étions en route pour le Monde Ensorcelé d'Harry Potter, à Orlando, en Floride, avec notre excellente amie Ileen. Nous participions tous les trois à un congrès ce week-end-là, dans la région, qui devait également me donner l'occasion de revoir Louise. Nous avions décidé de nous échapper ce jour-là pour faire plaisir à nos enfants intérieurs, avant le début du congrès.

Nous avions roulé longtemps et n'avions pratiquement plus d'essence... et plus beaucoup d'énergie personnelle non plus. Nous avions pris du retard après avoir attendu plus longtemps que prévu que la paperasse soit remplie pour la location de voiture, et il ne nous restait désormais que quelques heures avant que le parc d'attractions ferme. Après avoir franchi le portail d'entrée du parc, Michael, Ileen et moi nous sommes efforcés de suivre la signalisation jusqu'au parking. Les panneaux n'étaient pas clairs, et mon mari et moi nous sommes brièvement disputés quant à la bonne route à suivre. J'ai pointé le doigt dans une direction, en espérant que c'était la bonne, mais à peine Michael en avait-il pris le premier virage qu'il devint évident que nous nous étions trompés. Du coup, toujours conscients d'avoir le réservoir pratiquement vide, nous nous sommes retrouvés sur l'autoroute qui repartait en sens inverse, nous éloignant ainsi du parc d'attractions, sans possibilité de faire demi-tour ni aucune station-service en vue. À ce stade, Michael et moi étions assez énervés l'un contre l'autre, mais nous étions trop bien élevés pour le manifester en présence de notre amie.

La tension que provoquait toute cette colère non exprimée formait comme un écran opaque entre nous, tandis que mon ego empoignait fermement la situation. *Je sais que j'ai pointé dans la bonne direction, mais les panneaux n'étaient pas clairs. Si Michael avait fait plus attention, on ne serait pas dans ce pétrin. Il attend toujours que ce soit moi qui prenne les décisions. Pourquoi ne s'est-il pas décidé tout seul ?* Mon mental ruminait inlassablement la situation, jusqu'à la mettre en pièces.

J'étais absolument convaincue d'avoir raison. Par ailleurs, je connaissais assez bien Michael pour savoir qu'il s'accablait de reproches pour n'avoir pas suivi son intuition et tourné là où il voulait. Quant à Ileen, futée comme elle était, elle restait d'un silence de pierre sur le siège arrière, attendant patiemment que nous démêlions la situation.

Tout en continuant de fulminer, je me suis mise à repenser à Louise et aux conversations que nous avions eues sur l'art de choisir de bonnes pensées. L'espace d'une seconde, une porte s'entrouvrit dans mon esprit et j'entrevis un rayon de lumière. J'envisageai soudain une approche différente. Au lieu de redécorer l'enfer en essayant de déterminer qui avait fait quoi (une mauvaise habitude dont un bon thérapeute nous avait pourtant fait prendre conscience, voici quelques années), j'ai tenté autre chose. J'ai tendu le bras et j'ai mis ma main sur celle de Michael, en lui envoyant mentalement de l'amour. Sans dire un mot. Et il n'a pas bougé la main.

J'ai continué de regarder la route, droit devant moi, en imaginant tranquillement que l'amour descendait en moi en provenance d'une source divine et qu'il passait de ma main dans la sienne, avant d'atteindre son cœur. J'ai poursuivi durant quelques minutes, puis j'ai senti l'énergie de Michael s'adoucir. Ensuite, j'ai constaté quelque chose d'intéressant. Je me suis mise à éprouver moi aussi de l'amour. Au lieu d'être en rage d'avoir raté ce virage, j'étais davantage préoccupée par mon mari. Mon cœur a fondu quand je me suis imaginé combien il devait s'en vouloir. Pourquoi en rajouter à ses souffrances ?

À mesure que j'envoyais de l'amour à Michael, je sentais ses défenses tomber… et quelques instants plus tard, nous sommes enfin parvenus à une station-service où il était possible de faire demi-tour. Trente minutes plus tard, nous plaisantions et rigolions en entrant pour la seconde fois dans le parc d'attractions, prêts à rencontrer des Moldus, des sorciers et – qui sait ? – peut-être même Harry Potter en personne.

Ce soir-là, après avoir rejoint Louise pour le dîner, je lui ai raconté mon histoire avec Harry Potter. Je lui ai notamment dit que le fait qu'une chose aussi simple puisse avoir un effet aussi probant dans notre vie continuait de m'étonner. Combien de fois il m'est arrivé, au beau milieu d'une bête dispute (parfois pas si bête) d'envisager de laisser tomber mes défenses et d'écouter mon interlocuteur avec amour, sauf que j'avais l'impression d'aller à l'encontre de mon intuition ou de capituler. Après tout, mon ego est passé maître dans l'art de rationaliser mes positions. À quoi bon admettre ma défaite, alors que je n'ai rien fait de mal ? Est-ce qu'émettre de l'amour ne revient pas à ignorer le problème ? Et comment puis-je inciter l'autre à évoluer, si je ne suis pas prête à défendre ce que je sais être vrai ?

« L'ego n'a qu'un seul objectif », dit Louise. « Il veut avoir raison et il a pour habitude de toujours justifier ses positions. Il cherche systématiquement l'angle sous lequel l'autre a tort. C'est vraiment une idée toute simple de penser qu'en se concentrant sur l'issue positive d'un problème ou en injectant de l'amour dans une situation difficile les choses puissent s'arranger, et pourtant ça marche. Dans ton cas, au lieu d'aggraver le problème en continuant de te plaindre ou d'argumenter, tu t'es contentée de sourire intérieurement, tu as émis de l'amour en direction de ton mari et tu as constaté que ça marchait ! »

Tout en ayant conscience des résistances que j'avais à ce que mon ego capitule, il me fallait bien reconnaître que Louise avait raison. Ça marchait vraiment.

« Il nous arrive trop souvent de croire qu'il faut tirer tout ce qu'on peut d'un problème », poursuivit-elle. « Nous voulons trouver la solution, *maintenant !* Pour ma part, je n'aime plus gérer les problèmes de cette façon-là. Plus on se détourne d'un problème, plus rapidement apparaît sa solution. Voilà pourquoi j'aime l'affirmation *"Tout est bien. Tout se met en place dans mon intérêt supérieur. Il ne sortira que de bonnes choses de cette situation. Je suis en sécurité."* Cela élève immédiatement notre point de vue, loin au-dessus du problème, dans la région où se trouvent les solutions. Dans cette région, on n'est pas là pour dire à la Vie comment créer une solution : on ne fait qu'affirmer que les choses vont se régler pour tout le monde.

« La situation que tu as vécue avec Michael, en voiture, en est une formidable illustration, car tu n'as pratiquement rien fait. Tu aurais pu te disputer avec lui pour le restant de la journée et vous auriez été malheureux tous les deux. »

Ça, c'est sûr ! Et il est vrai qu'on favorise tout changement positif dans une relation, sitôt qu'on s'adoucit et qu'on est assez ouvert pour écouter. D'ailleurs, le soir même, quand Michael et moi sommes revenus à notre hôtel après notre excursion, nous avons été en mesure de parler de cette situation de manière à la fois calme et constructive. Au fil des ans, nous avons appris tous les deux que lorsqu'on se met sur la défensive, aucune communication n'est possible. Rien, nada. Impossible. N'y songez pas. Nous avons également appris qu'il est important de lâcher prise, une fois qu'on a résolu une situation avec amour. La soulever à nouveau ultérieurement ou s'en plaindre une fois que les faits sont passés ne sert qu'à s'attirer de nouveaux ennuis.

« Une fois qu'un problème a été résolu, il faut se rappeler qu'il est passé », convint Louise. « Il est terminé. *Il ne sert à rien de se plonger dans le passé pour être malheureux dans l'instant présent.* Il ne faut pas prendre l'habitude de se plaindre. Les gens qui se plaignent tout le temps sont une véritable plaie pour leur entourage. De plus, ces gens-là font beaucoup de dégâts dans leur propre univers. Avant de verbaliser une plainte, on la ressasse généralement dans son esprit plusieurs fois, des dizaines de fois, voire des centaines de fois. »

J'ai soudain eu un mouvement de recul en repensant à toute l'énergie que j'avais dépensée durant des années à me plaindre de tout et n'importe quoi, de mon agenda surchargé à ce que Michael faisait ou ne faisait pas. J'avais donné à cette "plaignante professionnelle", à cette femme chroniquement irritée, libre carrière sur mon intellect et ma bouche. Elle s'achoppait constamment aux mêmes choses, les ruminant sans fin, comme si le fait de se plaindre à leur propos allait améliorer quoi que ce soit.

« La plupart des gens ont pris l'habitude de se plaindre en permanence dans leur tête », m'expliqua Louise. « Chaque fois que nous agissons ainsi, cela revient à répéter une affirmation, mais une de très négative. Plus nous nous plaignons, plus nous trouvons de quoi nous plaindre. La vie nous procure toujours ce qui fait l'objet de notre fixation. Plus on se concentre sur ce qui ne va pas, plus les choses vont de travers. Et plus elles vont de travers, plus nous sommes malheureux. C'est un cercle vicieux. Nous devenons alors les victimes constantes de la Vie. »

On a alors l'impression de tourner en rond dans la même ornière, ajoutai-je. Une fois encore, ça veut dire qu'il est temps de reprendre les commandes et de soumettre nos pensées à notre contrôle.

« Oui. La seule personne qui peut mettre un terme à cette tendance négative, c'est justement celle qui se plaint. Mais pour cela, elle doit commencer par prendre conscience de ce qu'elle fait. Ensuite, elle doit remarquer à quel moment elle le fait. C'est seulement quand nous nous surprenons à dire quelque chose de négatif que nous pouvons changer. Sitôt qu'on se débarrasse de cette habitude destructrice, on passe du statut de victime à celui de créateur conscient de sa propre vie.

« Peu importe que l'habitude que nous voulons dissoudre consiste à se plaindre ou à faire autre chose, le processus est le même. Tu remarqueras que je dis *dissoudre,* et non *rompre.* Quand on rompt quelque chose, les morceaux sont encore là. Par contre*, quand on le dissout, tout disparaît.* J'aime bien me dire que les choses retournent au néant d'où elles sont venues. Les habitudes viennent de nulle part, et c'est aussi là qu'elles retournent. Nous avons tous des habitudes. Certaines d'entre elles nous sont très utiles, d'autres nous nuisent. Il s'agit donc de choisir celles qui nous aident à manifester l'amour et la joie, la prospérité et la santé, et à développer une tournure d'esprit joyeuse et apaisée. »

Donc, c'est à nous de nous rappeler qui a créé les habitudes qui sont les nôtres actuellement, et à nous de les changer.

« Oui. S'il y a quoi que ce soit de négatif dans notre vie, il nous faut découvrir de quelle manière nous contribuons à sa présence. Que faisons-nous pour attirer et maintenir en place telle ou telle condition négative dans notre monde ? Nous sommes tous des créateurs puissants qui n'arrêtent pas de créer. Ma propre expérience m'a montré que, pour vivre une vie heureuse, il est crucial de prendre conscience de notre dialogue intérieur négatif. À quoi pensons-nous ? Pourquoi cultivons-nous cette pensée-là ? Que manifeste cette pensée dans notre monde ?

« Une fois qu'on a pris conscience de cette habitude, l'étape suivante consiste à arrêter de se faire des reproches à cause de ces pensées-là. Au contraire, on doit se réjouir de devenir conscient de ce qu'on fait. On peut par exemple se dire, *Pas étonnant que j'aie cette réaction négative : c'est parce que je nourris telle pensée négative. Désormais, je veux en avoir conscience à chaque fois, afin de pouvoir dissoudre cette habitude.* Et la prochaine fois qu'on se surprend à le faire, il faut se dire, *Oh, voilà que je me prends à nouveau sur le fait ! C'est génial ! Ça fait partie du processus de dissolution. Je vais y arriver.* Nous devons nous réjouir d'être en train de dissoudre une habitude négative. L'idée, c'est de rester dans le présent et de porter sur le futur un regard aussi positif que possible. »

Ma débâcle en voiture avec Michael illustre le genre de défis quotidiens auquel nous sommes confrontés. Quand on s'efforce d'être plus conscient de la façon dont on commence et dont on vit chaque journée, il est important de garder à l'esprit qu'il nous arrivera de retomber dans nos vieilles habitudes, nos vieilles croyances et nos situations habituelles, surtout quand on est stressé. Louise et moi avons poursuivi notre discussion en abordant certaines des habitudes les plus courantes qu'il nous faut dissoudre, ces obstacles typiques qui mettent les gens dans le pétrin. Le premier concernait l'argent.

Chaque semaine, j'anime une émission de radio en direct sur Internet, *Coach on Call,* au cours de laquelle je coache des gens dans le monde entier. Il m'arrive fréquemment de recevoir des appels de personnes qui s'imaginent qu'elles vont rapidement gagner de l'argent en lançant leur entreprise, ou qu'il leur faut gagner à la loterie pour connaître enfin le bonheur et la sécurité. Elles sont prisonnières d'une forme de "pensée magique" et s'imaginent des choses sur leur avenir qui ne font que les empêcher d'avancer.

« Il y a tant de gens qui croient que ce qu'il leur faudrait, pour être heureux et résoudre tous leurs problèmes, c'est de l'argent », dit Louise. « Mais on sait bien qu'il y a des milliers de personnes extrêmement riches qui n'en ont pas moins des tas de problèmes. De toute évidence, l'argent ne règle pas tout. Nous avons tous envie d'être heureux et d'avoir l'esprit en paix, mais le bonheur et le bien-être se conquièrent intérieurement. On peut d'ailleurs les avoir tous les deux, sans pour autant gagner beaucoup d'argent. Tout dépend des pensées que vous choisissez de cultiver et des conditions riches ou pauvres que vous créez en vous.

« La quantité d'argent que nous nous autorisons à gagner est très étroitement liée à notre système de croyances et à ce que nous avons appris sur l'argent, enfant. De nombreuses femmes, par exemple, ont de la difficulté à gagner plus d'argent que leur père. Elles sont intérieurement bloquées par des croyances du genre *Je n'ai pas droit de mieux réussir que mon père* ou *Seuls les hommes touchent des salaires élevés*, même si elles n'en ont pas conscience. Et il existe aussi une croyance qui dit, *Si je gagne à la loterie, tous mes problèmes seront résolus*. C'est absurde. En l'espace d'un an ou deux, la plupart des gens qui gagnent à la loterie sont dans une situation pire qu'avant. Cela tient au fait qu'ils n'ont pas développé le changement de conscience qui devrait accompagner leur richesse nouvellement acquise. Non seulement ils n'ont généralement pas les compétences qu'il faut pour gérer leur fortune, mais ils ne croient pas non plus mériter l'argent qu'ils ont gagné.

« Plus nous faisons le choix de croire en l'abondance de l'univers, plus nous constaterons que nos besoins sont systématiquement satisfaits. L'affirmation *La Vie m'aime et tous mes besoins sont satisfaits à chaque instant*, nous aidera à déclencher ce processus. »

J'ai dit à Louise que je me rappelais avoir lutté contre mes propres peurs financières, quand j'avais la trentaine. Je vivais seule, m'efforçant de développer mon activité de conférencière professionnelle, et je craignais toujours de ne pas arriver à payer mes factures. J'étais tellement angoissée que, la plupart du temps, je ne faisais que me concentrer sur le problème : pas d'argent ! Au lieu de soulager mes peurs en m'imaginant que j'allais connaître le succès du jour au lendemain, ou en gagnant au loto, j'étais convaincue que si je me faisais assez de souci, ma situation allait finir par changer, comme par magie.

« Quand on s'inquiète, on retourne sans fin ses soucis dans la tête, jusqu'à se retrouver totalement subjuguer par la peur », me répondit-elle. « Combien d'entre nous se font peur tout seuls ! Alors qu'il arrive des miracles dès qu'on se met à répéter des affirmations positives au moins aussi souvent (voire beaucoup plus) qu'on pense à ses soucis. C'est ainsi qu'on parvient progressivement à retourner la situation, quel que soit le problème. »

À cette époque, je faisais de mon mieux pour rester concentrer sur des affirmations positives, mais je n'en trouvais pas moins difficile de les répéter tout en me sentant si anxieuse. C'est alors que j'ai appris quelque chose de très important : la clé du succès, c'est l'alliage des affirmations *et* de l'action adéquate. Quand j'ai finalement compris qu'il fallait que je cherche du travail, *et* que je m'y suis mise, je me suis soudain retrouvée à coopérer *avec* la Vie. Et c'est là que les choses ont commencé à changer. J'avais comme mantra perpétuel *Un emploi idéal va me trouver,* et j'ai commencé à activer tous mes réseaux. En me mettant ainsi dans un état d'esprit très concentré et déterminé, j'ai découvert que la Vie me procurait exactement les ressources, les gens et les occasions dont j'avais besoin pour renverser la situation.

« Si nous sommes prêts à faire ce qu'il faut pour changer d'état de conscience, en modifiant nos pensées *et* en agissant conformément, nous parvenons alors à nous forger une nouvelle vie autrement plus grandiose que tout ce que nous apporterait le gros lot à la loterie », dit Louise. « Alors, quand nous atteindrons des succès toujours plus élevés, nous parviendrons à les faire durer, puisque nous aurons changé de conscience et que notre système de croyances aura été mis à jour. Mais rappelle-toi que même si tout le monde pense qu'il suffit d'être riche pour être heureux, la richesse n'est en réalité pas la source du bonheur. Si tu n'arrives pas à t'aimer, à te pardonner et à cultiver la gratitude, l'argent ne t'aidera pas. Tu auras juste plus de personnel à engueuler. »

Louise et moi avons parlé de diverses choses que chacun peut faire pour dissoudre les habitudes liées à une mauvaise situation financière. Premièrement, faites-en sorte de vous sentir digne de connaître l'abondance, afin d'attirer et de recevoir plus de prospérité dans votre vie. Vous pouvez utiliser des affirmations du genre :

J'accepte avec gratitude toutes les bonnes choses que j'ai actuellement dans ma vie. La Vie m'aime et pourvoit à mes besoins. J'ai l'assurance que la Vie va prendre soin de moi. Je mérite l'abondance. La Vie satisfait toujours mes besoins. Chaque jour, l'abondance se déverse dans ma vie de façon surprenante. Mes revenus ne cessent d'augmenter. Où que je me tourne, la prospérité est au rendez-vous.

Choisissez une ou deux de ces affirmations, et répétez-les sans fin dans la journée. Écrivez-les plusieurs fois de suite dans votre journal ou sur une feuille de papier, faites-en des post-ils et affichez-les chez vous et au bureau, en veillant à vous les redire quand vous êtes face à un miroir, dès que l'occasion se présente.

L'écriture est une merveilleuse façon d'accéder à sa sagesse intérieure et à son intuition. Alors, prenez le temps d'approfondir la question suivante dans votre journal ou votre calepin :

Quelle est l'habitude que je dois dissoudre pour atteindre l'aisance financière que je veux ?

Si vous prenez le temps d'étudier la question, vous découvrirez peut-être que vous vivez dans le futur, en étant davantage concentré sur les bonnes choses qui *pourraient* vous arriver que sur les situations dont il faut vous occuper maintenant. Ou vous devez mettre un terme au déni et arrêter de croire que vous pouvez continuer de dépenser de l'argent alors que vous êtes incapable d'assumer vos dépenses actuelles.

Enfin, identifiez quelle est la mesure prioritaire que vous devez prendre pour améliorer votre santé financière. Puis, concentrez-vous dessus – de préférence sur celle que vous avez toujours cherché à éviter – et faites quelque chose de concret à ce sujet sous 24h. Peut-être devez-vous payer vos factures, retourner vos impôts ou arrêter d'utiliser vos cartes de crédit. Peut-être aussi devez-vous accepter le premier job qui se présente pour faire rentrer de l'argent dans le ménage le plus tôt possible, afin de vous préparer à un meilleur emploi ultérieur. Rappelez-vous que lorsque vous affirmez vos intentions *et* que vous passez à l'action, vous vous alignez sur l'Énergie universelle et vous invitez ainsi la Vie à venir à votre rencontre. (Si vous ne savez pas trop quelle mesure prendre, demandez conseil à une personne de confiance ou à un membre de votre famille : quelqu'un qui vous connaît bien et qui ne vise que le meilleur pour vous.)

Abordons maintenant un autre problème sur lequel nous sommes nombreux à devoir travailler : espérer et vouloir que notre entourage finisse par « comprendre » et qu'il change.

Que faites-vous quand quelqu'un se débat avec un problème, mais ne fait rien pour le changer ? Un jour, j'animais un atelier quand j'ai laissé la parole aux participantes, en leur demandant où elles se sentaient coincées dans leur capacité à prendre soin d'elles. Une femme dans la quarantaine a aussitôt pris le micro et s'est mise à raconter tous les malheurs de sa vie. On aurait dit que, où qu'elle se tournât, une autre crise se manifestait dans sa vie. La dernière en date concernait son travail. Elle avait été accusée à tort de harceler un de ses collègues et craignait maintenant de perdre son emploi.

Tandis qu'elle expliquait en détail sa situation, j'éprouvais de l'empathie pour ses malheurs et je voyais bien qu'elle mettait beaucoup plus d'énergie dans son problème que dans d'éventuelles solutions. Alors, je l'ai interrompue et je lui ai suggéré d'essayer autre chose. « Pourquoi n'essaierais-tu pas de retourner la situation en commençant par changer de langage ? » lui ai-je conseillé. « Par exemple, tu pourrais commencer par affirmer : *J'aboutis à une résolution pacifique de ce problème. Ma situation inconfortable au travail se résout rapidement et tout le monde est ravi de la solution trouvée.* Ou encore : *Je me libère de tous mes problèmes dans la vie et désormais je tire toute mon énergie de la paix.* »

« Je ne peux absolument pas faire cela », répondit-elle d'une voix flûtée, teintée d'irritation. « Ma collègue est une idiote, elle ne dit pas la vérité. »

Durant plusieurs minutes, nous avons joué à la danse des ego : je tâchais de trouver une brèche dans son esprit craintif, pour qu'elle puisse aborder la situation autrement, tandis qu'elle s'acharnait à me convaincre que ça ne marcherait pas. Je connaissais bien cette manœuvre. Cette femme avait l'habitude de tirer toute son énergie des problèmes et des conflits. Par le passé, j'aurais gaspillé beaucoup d'énergie à vouloir la faire changer de tournure d'esprit. Mais comme je voyais le jeu qui était en train de se jouer, j'ai su que je devais la laisser continuer de se donner raison, jusqu'à ce qu'elle soit prête à changer de point de vue. Je me suis inclinée gracieusement et je suis passée à une autre question.

Comme dit Louise, « C'est ce qui arrive quand les gens ne sont pas prêts à changer. On peut juste leur suggérer de quelle manière ils peuvent favoriser leur évolution, mais au final, c'est à eux de faire le boulot. Il nous faut absolument arrêter de vouloir que les gens fassent ce qu'ils sont incapables de faire, ou d'être ce qu'ils ne peuvent être. J'ai toujours dit que je n'étais pas une commerciale. Je ne suis pas là pour vous vendre un mode de vie. Je suis ravie de vous instruire, mais je ne vais pas vous forcer à changer de manière de penser. C'est un privilège qui vous revient. Vous avez la liberté de croire absolument ce que vous voulez, et si vous voulez allez dans cette direction-là et voir ce qui s'y trouve, tant mieux, mais si vous ne voulez pas, libre à vous.

« Nous sommes tous soumis à la loi de notre propre conscience. Par conséquent, chaque problème se crée au niveau de conscience de la personne qu'il concerne. *Votre* conscience à vous ne peut pas changer la situation ; c'est sa conscience à elle qui doit la changer. Cette participante à ton atelier va continuer d'attirer des problèmes dans sa vie, jusqu'à ce qu'elle reconnaisse l'influence qu'elle exerce elle-même sur ces situations, Cheryl. Ce ne sont pas *les autres* : c'est *nous-mêmes* qui créons ce qu'il y a dans notre monde. Ce sont ses pensées et ses croyances, à cette femme, qui sont responsables du problème. Quel dommage qu'en dénigrant les affirmations et en estimant que tout ce dont nous parlons ici est stupide et n'a aucune chance de marcher, les gens continuent juste de vivre éternellement les mêmes problèmes. Puis, ils diront que les affirmations ne donnent rien. Elles marchent pourtant, mais pour autant qu'on les répète continuellement. »

Nos pensées influencent directement notre vécu. C'est ainsi que nous participons à tout ce qui arrive dans notre vie. Si nous avons des problèmes, nous devons nous forger de nouvelles habitudes pour faire un usage plus productif de nos pensées et de notre énergie. Les affirmations nous aident précisément à prendre une nouvelle direction, afin de nous concentrer sur de meilleurs résultats.

« La clé, c'est de se prendre sur le fait le plus tôt possible, au lieu de se laisser absorber par le problème du moment », fit observer Louise. « Rappelle-toi que nous devons faire une pause et dire, "Oh, regardez-moi ce que je suis en train de *me* faire ! Ce n'est pas la faute des autres. C'est moi qui fais cela. Que puis-je faire, *en cet instant,* pour changer d'énergie ?" Si quelqu'un d'autre nous fait quelque chose, s'il influence effectivement la situation, c'est toutefois nous qui contrôlons notre manière de réagir. Nous devons garder à l'esprit que notre objectif dans la vie est de nous sentir bien, autant que possible. »

Quand j'ai dû m'occuper de cette femme, à mon atelier, je suis finalement parvenue à la laisser suivre son propre chemin. Mais, demandai-je à Louise, que fait-on lorsqu'on a une relation intime avec quelqu'un qui ne veut pas changer ? On se retrouve par exemple confronté à un parent âgé, qui est toujours négatif, ou à un conjoint qui ne suit pas le même chemin personnel que soi. Comment trouver la paix dans de telles situations ?

« Il y a de nombreuses années, à l'époque où je travaillais avec des malades du sida, j'ai constaté qu'ils étaient nombreux à avoir été abandonnés par leurs parents. Totalement abandonnés. Dès que leurs parents constataient que leur enfant était homosexuel, ils le bannissaient de la famille. Beaucoup craignaient avant tout ce que les voisins allaient dire. Je disais donc à ces hommes d'utiliser la version suivante de l'affirmation que j'ai citée plus haut : *J'ai une relation merveilleuse et harmonieuse avec tout le monde, dans ma famille, et en particulier avec ma mère* (c'était généralement la personne avec laquelle ils avaient le plus de difficultés). Je leur suggérais de répéter cette affirmation plusieurs fois dans la journée. Chaque fois que la personne concernée leur venait à l'esprit, ils devaient continuer de répéter la même affirmation. Évidemment, comme ils avaient été abandonnés par leur famille, ce n'était pas du tout ce qu'ils s'attendaient à ce qu'on leur demande de faire. Mais invariablement, dans les trois à six mois suivants, après un usage régulier de cette affirmation, la mère acceptait de venir à nos réunions rencontrer son fils. »

Vraiment ? J'étais à la fois étonnée et émue.

« Oui. » Louise marqua une pause pour fouiller ses souvenirs et je vis des larmes se former dans ses yeux. « Et quand elle venait, nous nous levions tous pour lui faire une ovation. C'était chargé de sens, pour nous. C'était quelque chose de tellement thérapeutique... Il était plus difficile de faire venir les pères, mais les mamans venaient et elles constataient que ces "homosexuels" leur donnaient beaucoup d'amour. Alors, penses-tu que c'est vraiment de la folie de croire qu'une affirmation puisse résoudre une situation aussi difficile ? Que peut bien faire une affirmation ? Comment ça pourrait influencer le comportement d'autrui ? Je n'en sais rien. Sans doute que ça part dans l'éther cosmique et que, au lieu que cette personne nourrisse des pensées très noires sur sa famille, elle commence à créer un espace où peut se nouer une relation harmonieuse. Je ne sais pas trop comment ça marche. C'est le mystère de la Vie. »

Je me demandais si cette façon d'affirmer que nos relations aux autres sont harmonieuses pouvait être appliquée dans d'autres cas et Louise confirma. « Que tu t'entraînes à dire que tu as des relations harmonieuses avec ton patron, ton voisin, un collègue ou un membre de ta famille qui s'est éloigné, ça va marcher. *Contourne le problème et exprime ce que tu veux, comme si c'était déjà réalisé.*

« Il faut arrêter de se dire *Ma mère a été cruelle envers moi.* On ne va pas aller dans ce registre, parce que sinon c'est cela qu'on renforce. Il vaut mieux rester fixé sur notre objectif. Et nous ne disons même pas que l'autre personne doit se comporter de telle ou telle manière. Nous disons juste que *nous* nous entendons bien avec tout le monde, dans la famille – y compris notre mère – en laissant la Vie se charger des détails pratiques. Il faut continuer d'affirmer cela chaque fois qu'on pense à cette personne ou à ce problème. Plus la relation est difficile, plus il faut répéter la même affirmation. »

Quand il arrive des choses de ce genre – quand on est en conflit avec un membre de la famille, qu'on apprend par surprise des nouvelles inattendues (la perte d'un emploi, un diagnostic grave) – quelle est la manière la plus rapide de retomber sur ses pattes ?

« Premièrement, on a le droit d'avoir une réaction initiale. Il faut s'autoriser à ressentir ce qu'on ressent sur le moment. Quand je parle d'utiliser d'affirmations, je ne suis pas en train de dire qu'il faut s'en servir pour éviter d'éprouver la moindre émotion. »

Voilà un point très important, me suis-je dit. Je vois trop souvent des gens utiliser des affirmations pour ne pas affronter la vérité, comme s'ils essaient de court-circuiter mentalement leurs émotions. Mais quand nous faisons de notre tête le patron de notre cœur, nous nous mettons en mauvaise posture. Nos sentiments sont en effet une meilleure source d'information.

Si vous vous sentez submergé par votre travail, il serait certainement utile de dire : *Je me sens paisible et calme au travail.* Mais c'est peut-être aussi le signe qu'il vous faut arrêter d'accepter de nouveaux projets. Ou, si vous vous sentez seul dans votre couple, vous pouvez imaginer une relation harmonieuse en pensée, mais vous pouvez aussi prendre du temps avec votre conjoint et parler de la situation présente. Quand vous leur prêtez attention, vos sentiments vous signalent ce qui ne va pas. Ils peuvent aussi vous dire quelle direction prendre. Au final, c'est l'alignement de la tête et du cœur qui crée l'alchimie qui va conférer tout leur pouvoir à nos affirmations.

« Une fois que tu sais ce qui se passe et que tu as pris le temps de ressentir les choses, tu dois déterminer comment te sortir de cet espace mental déplaisant aussi vite que possible », enchaîna Louise. « C'est le moment de te rappeler que c'est en *cet instant* que se trouve ton point de création le plus important. Maintenant ! Chaque pensée que tu nourris, chaque choix que tu fais en cet instant précis mettent l'avenir en branle. Alors, à toi de te trouver au bon endroit. Il faut bien comprendre l'importance de ce point. »

Donc, au lieu d'être pessimiste, il faut retrouver l'espoir aussi vite que possible ?

« Non. Tel que je vois les choses, l'espoir constitue un autre obstacle. Dire, "J'espère" signifie en réalité "Je n'y crois pas". Ça revient à projeter tes désirs dans quelque futur lointain et à espérer qu'un jour, ils veuillent bien se réaliser. Ce n'est pas une affirmation positive. Il faut donc élaborer une affirmation positive, formulée au présent. Puis, lâcher prise. »

Lâcher prise ?

« Oui, tu lâches prise. Tu arrêtes de t'accrocher. Ne souffre pas. Quand il n'y a plus rien d'autre à faire, à propos de telle ou telle situation, lâche prise, car tu t'accroches au passé et à des souvenirs qui occupent trop de place dans ton esprit. Alors je te dirais, oui, sans aucun doute, choisis des affirmations et répète-les non-stop : essaie d'en trouver au moins une ou deux qui te réconforte et n'arrête pas des les répéter. Et si tu peux travailler avec le miroir, ça aide beaucoup, car tu pourras vraiment te lier à toi-même, de cette façon. Regarde-toi dans le miroir à tout bout de champ, toute la journée, et dis-toi, "On va s'en sortir. Je t'aime, je suis là pour te soutenir". »

Juste à ce moment-là, j'ai regardé ma montre et j'ai vu qu'il était temps pour moi de partir et d'aller enfiler une tenue, en vue d'une réunion. Rompant ainsi le charme de l'instant qui venait de s'écouler, je me suis levée et j'ai suggéré que nous nous retrouvions plus tard, après la séance de dédicace de Louise : une tranche de deux heures durant laquelle des centaines de fans du monde entier allaient faire la queue pour avoir des autographes et des photos.

Tandis que je rangeais mes notes dans mon sac, je me suis tournée vers Louise pour lui poser une dernière question : « Qu'en est-il des choses que nous ne pouvons pas contrôler, des petits événements négatifs qui nous font réagir et qui nous préoccupent toute la journée ? Tu vois ce que je veux dire, un e-mail mal intentionné, un commentaire désagréable d'un collègue jaloux, ou encore un client arrogant qui souhaite être satisfait *immédiatement.* Comment gère-t-on ce type de situation ?

« C'est facile », répondit-elle avec un sourire entendu. « Je ne prête plus aucune attention à ce qui est susceptible de me perturber. »

Louise me fixa du regard quelques instants, comme pour ancrer en moi son message. J'interrompis notre échange visuel, baissai le regard vers mon téléphone et appuyai sur le bouton "Stop" de mon enregistreur audio. Imaginez ce que ça doit être que de ne plus se laisser submerger par les problèmes des autres.

Voilà une habitude qu'il vaut vraiment la peine de dissoudre.

CHAPITRE 6

LA BEAUTÉ DE LA SAGESSE

Il faisait chaud, en cette journée de novembre à Tampa, en Floride, et Louise venait de terminer son message de bienvenue aux 3000 participants du congrès *I Can Do It* de Hay House. J'étais moi-même debout sur l'un des côtés de la pièce et je vis la foule applaudir à tout rompre lorsque Louise annonça qu'elle était dans sa neuvième décennie et que, pour l'instant, c'était la meilleure de toute sa vie. Quel moment inspirant !

Tandis que nous retournions à pied à notre hôtel, j'observais Louise avançant résolument vers la porte d'entrée. Il se dégageait d'elle un rare mélange d'élégance et de look branché, avec son chemisier fleuri froissé retombant sur un leggings serré. Il émanait d'elle à la fois l'énergie de la jeunesse et la beauté d'un âge empreint de sagesse.

Arrivées à l'hôtel, nous nous sommes rendues dans la chambre de Louise. Elle a aussitôt ouvert les portes du balcon et j'ai senti une brise agréable m'effleurer la peau, tandis que je cherchais un endroit où m'asseoir. J'ai fini par me mettre jambes croisées sur un fauteuil, à côté d'un éblouissant bouquet de fleurs – des lilas, des tulipes, des tournesols et des roses couleurs framboise – disposé au milieu d'une table basse, au centre de la pièce. « Ces fleurs sont un cadeau d'une personne qui a sollicité mon aide la semaine dernière », me dit-elle. « Ça me fait vraiment plaisir. »

Elle se rendit ensuite dans la kitchenette et entreprit de nous préparer du thé. Tout en sortant les sachets de leur emballage, elle me raconta qu'elle était tout excitée d'avoir trouvé une nouvelle coque violet foncé pour son iPad, le tout dernier gadget technologique dont elle se servait avec jubilation. Je pris conscience qu'à quatre-vingt-quatre ans, Louise était toujours une éternelle étudiante. J'éprouvais beaucoup d'admiration pour sa curiosité et sa soif d'apprentissage.

Je disposai mes affaires autour de moi en me demandant ce qu'elle savait, à 84 ans, sur l'art d'être bien dans sa peau que je puisse apprendre, moi, à 51 ans. Je lui ai donc demandé comment elle faisait pour avoir si fière allure et se sentir aussi bien à son âge : quel était son secret ?

« Eh bien, je pense que cela se résume à s'aimer soi-même, à aimer son corps et à être en paix avec le vieillissement », me répondit-elle. « On ne peut rien faire de bon, ni de durable, sans commencer par s'aimer soi-même. Quand on s'aime, on prend soin de son corps et on choisit soigneusement ce dont on le nourrit. On fait également attention aux pensées qu'on décide de cultiver. »

Donc, si l'on veille à mettre en pratique ce dont nous avons déjà parlé dans ce livre, on vieillit de manière beaucoup plus agréable ?

« Oui. Ma vie est devenue beaucoup plus facile, parce que j'ai appris à programmer mes expériences. Mes affirmations positives me précèdent et pavent la route devant moi. J'ai pour règle d'anticiper ce que j'ai envie de vivre à l'avenir. Par exemple, aujourd'hui j'avais trois courses à faire, alors j'ai affirmé : *Aujourd'hui est un jour glorieux et chacune de mes expériences est une joyeuse aventure.* En me rendant dans chacun de ces trois magasins, je suis tombée sur des vendeuses adorables avec lesquelles j'ai eu une agréable conversation. Avec l'une des caissières, nous avons même piqué un fou rire pour je ne sais plus quelle bêtise. Chacune de ces expériences a donc été une petite aventure, mais une aventure joyeuse. La sagesse, quand on vieillit, consiste en partie à se réjouir des situations mêmes les plus simples. Quand on vit sa vie à fond, on parvient à faire des petites choses de l'existence quelque chose de merveilleux, de bon et d'important. »

J'avais constaté qu'en vieillissant, à mesure qu'on perd des amis ou des membres de sa famille, il semble qu'on attache davantage de valeur aux autres, y compris aux interactions dont parlait Louise, dans les situations de la vie quotidienne.

« Nous pourrions devenir amers. On peut en effet se laisser gagner par l'amertume lorsqu'on perd des êtres chers, comme on peut faire le choix de rencontrer de nouvelles personnes pour combler ce vide. »

Plus j'apprenais à connaître Louise, plus j'appréciais toujours plus profondément combien il est précieux de développer de bonnes habitudes de pensée le plus tôt possible, dans sa vie. Quand elle parlait de sa manière de vivre, il était évident qu'elle avait consacré beaucoup de temps et d'énergie à prendre les rênes de son mental. Par conséquent, cet investissement lui avait procuré une vision beaucoup plus positive du vieillissement. Le soin qu'elle avait pris de vivre sa vie de manière délibérée, avec un objectif en tête, continuait de se révéler très rentable, année après année. Plus j'observais sa façon de faire dans la vie, plus je me disais qu'il était important de cultiver moi-même cette habitude.

« Ne va pas me comprendre de travers », ajouta Louise. « J'ai été confrontée aux mêmes défis et difficultés que les autres, en vieillissant : ride, prise de poids, raideur, perte de cheveux, et la prise de conscience que les jeunes hommes ne portaient plus sur moi un regard intéressé. Mais il est parfaitement inutile que je me rende malheureuse pour ce que je ne peux pas changer. Nous allons tous vieillir. J'ai juste pris la décision de prendre soin de moi et de m'aimer, quoi qu'il arrive.

« Je mange bien. Je consomme des aliments qui sont bons pour mon corps, j'ai opté pour une nourriture qui me fait du bien. Je consomme très peu de produits qui me fatiguent ou ne me soutiennent pas. Je fais également de l'acupuncture ou de l'ostéopathie craniosacrée une fois par mois, à titre d'entretien. Et je fais de mon mieux pour choisir des pensées qui me mettent dans l'état le meilleur possible. C'est la grande leçon que je ne cesse de me répéter : *Soit nos pensées nous font du bien, soit elles nous font du mal.* Ce sont beaucoup moins les événements qui nous impactent, que nos pensées. »

Donc, c'est moins la ride que la pensée qu'elle éveille en nous, qui nous pose problème ?

« Absolument. La ride est juste là. Et elle apparaîtra chez tout le monde. Tu n'as pas été sélectionnée pour être la seule personne au monde qui aura cette ride-là. C'est absurde de te rendre malheureuse pour ça. L'objectif est de savourer autant que possible chacune des phases de la vie. »

Puisqu'on parle des rides, fis-je, parlons aussi du corps. Tu disais que le secret de ton succès, à 84 ans, c'est de t'aimer et d'aimer ton corps, mais comment faire, si tu es une femme qui a 25 kg en trop et qui déteste son reflet dans le miroir ? Comment fais-tu pour te regarder et dire, "Je t'aime", quand tu n'aimes pas ce que tu vois ?

"Well, that's the point of what we're doing," Louise replies. "As I said before, I no longer believe in working on a single issue. In the early days, I worked with individual problems like weight loss. Then one day I discovered that if I could get clients to love themselves, we didn't have to work on problems anymore. Self-love was the core issue for everybody and everything. And that's a difficult realization for a lot of people to accept or acknowledge—that it could be that simple.

« Eh bien, c'est justement l'objectif de ce que nous faisons ici », répondit Louise. « Comme je l'ai dit auparavant, je ne crois plus qu'il soit efficace de ne s'occuper que d'un seul problème. À mes débuts, il m'arrivait de travailler avec des gens qui voulaient simplement perdre du poids. Puis, un jour, j'ai découvert que si je parvenais à faire en sorte que mes clients s'aiment, nous n'avions plus besoin de travailler spécifiquement sur leurs problèmes. Et c'est là quelque chose que de nombreuses personnes ont beaucoup de mal à accepter ou à admettre : que les choses puissent être aussi simples.

« La femme dont tu parles pense peut-être qu'elle a un problème de poids, mais son véritable problème, ce n'est pas ça du tout : c'est qu'elle se déteste. Donc, si nous arrivons à identifier le fond du problème et à faire en sorte qu'elle répète régulièrement des affirmations qui vont lui permettre d'établir une bonne relation avec son corps, elle va progressivement commencer à s'aimer. »

Après avoir marqué une pause, elle poursuivit. « Il est vrai qu'il est parfois nécessaire de modifier son alimentation, pour ne pas lâcher ses nouvelles habitudes. Aujourd'hui, la plupart d'entre nous savent que le sucre engendre une dépendance et que ce n'est pas bon pour notre corps. De même, le blé et les produits laitiers sont source de problèmes pour de nombreuses personnes. C'est très bien de répéter les affirmations qui conviennent, mais si vous continuez de vous surcharger le corps de caféine, de sucre, d'aliments industriels et compagnie, vous allez avoir du mal à vous concentrer sur quoi que ce soit, sans même parler d'affirmations positives. Si vous avez grandi en consommant principalement des aliments industriels, vous aurez besoin qu'on vous explique ce qu'est une alimentation saine. Je ne connaissais rien, en matière de nutrition, jusqu'au moment où on m'a diagnostiqué un cancer, et c'est ça qui m'a poussée à découvrir ce dont mon corps avait besoin. Et aujourd'hui encore, je me tiens au courant des dernières découvertes en matière de santé et de guérison. »

J'ai tout à fait conscience de l'importance de bien prendre soin de son corps, à mesure qu'on vieillit. Comme beaucoup d'entre nous, j'ai lu bon nombre de livres et j'ai consulté diverses études et sites Internet pour apprendre tout ce que je pouvais sur l'alimentation, l'activité physique et les compléments alimentaires. On trouve une quantité invraisemblable d'informations et il est facile de s'y perdre. On dépense des milliards de dollars pour des produits et des livres contre le vieillissement, pour des abonnements à des centres de remise en forme et des semaines de régime, en quête de la bonne formule pour atteindre la santé parfaite... et pourtant l'obésité est toujours en hausse et le niveau de santé de la population continue de chuter.

Au cours des derniers mois, je m'étais justement concentrée sur ce dont Louise parlait maintenant : apprendre à m'aimer et à aimer mon corps, avant tout, puis laisser cet amour m'orienter vers les choix les plus susceptibles de contribuer à ma santé émotionnelle et physique. Je découvrais ainsi par moi-même que cette stratégie était efficace. À mesure que j'établissais un lien fort avec mon corps, je me trouvais tout naturellement attirée par une alimentation saine, par de l'activité physique, divers soins personnels, sans oublier des consultations occasionnelles chez divers praticiens de santé. Mais je savais désormais que tout cela commençait par l'amour.

« Offrir une bonne nourriture à son corps est une façon tellement importante de prendre soin de soi », poursuivit Louise, « en particulier lorsqu'on vieillit. Cela favorise le bon déroulement des changements naturels par lesquels nous passons tous, en vieillissant. Par exemple, si tu entames ta ménopause et que tu ne manges pas correctement, tu vas avoir beaucoup plus de difficultés. La consommation de bonnes sources de protéines et d'un grand nombre de végétaux (bio, si possible), doublée de la répétition d'affirmations du genre *Cette période de ma vie est agréable et facile, Je suis agréablement surprise par la facilité avec laquelle mon corps s'adapte à la ménopause,* ou encore *Je dors bien la nuit,* fera une grosse différence au final. »

Et quelles affirmations suggérerais-tu pour un homme ou une femme qui aurait besoin d'aimer son corps, même si pour l'instant il/elle n'aime pas son reflet ?

« Eh bien, il ou elle pourrait tout à fait commencer par s'adresser le message suivant :

Mon corps est mon meilleur ami ; lui et moi avons une vie formidable. J'écoute les messages de mon corps et j'y réagis adéquatement. Je prends le temps d'apprendre à connaître le fonctionnement de mon corps, pour savoir ce que je dois manger afin qu'il soit en pleine santé. Plus j'aime mon corps, plus je me sens en bonne santé.

« Ce sont de bonnes affirmations pour commencer. Et si vous voulez vraiment établir une bonne relation avec votre corps, il vous faut prendre l'habitude de vous regarder chaque jour dans le miroir, et de lui parler comme un bon ami. Vous pouvez lui dire des choses du style :

Salut à toi, mon corps, merci d'être en aussi bonne santé. Tu as l'air magnifique aujourd'hui. C'est une joie pour moi que de t'aimer pour t'aider à atteindre une santé idéale. Tu as de très beaux yeux. J'aime ta silhouette magnifique. J'aime chacun de tes centimètres carrés. Je t'aime de tout mon cœur. »

L'expérience m'a clairement montré que lorsqu'on s'adresse à son corps de cette manière, on parvient à faire taire notre critique intérieur qui nous juge sans merci. Au fil des ans, j'avais *lu* les livres de Louise où elle explique comment utiliser des affirmations pour aimer son corps, mais la première fois que je l'ai entendue en *parler*, j'ai été extrêmement touchée par le niveau d'intimité et d'amour qui se dégageait de sa voix. Elle ne se contentait pas de répéter des mots ; elle avait une intonation qui soulignait clairement que nous devions nous parler comme le ferait un véritable ami qui nous aime.

Sitôt que je m'y suis mise moi-même, la relation que j'avais avec mon corps a totalement changé. J'ai senti que l'esprit de ces mots s'emparait de mon cœur. Chaque jour, tandis que je me regardais dans le miroir en m'adressant de douces paroles, je sentais progressivement s'arrondir les angles des jugements que je portais autrefois sur moi. J'arrivais à percevoir que mon corps devenait progressivement un ami cher, et non plus un ennemi à combattre. L'astuce, c'était de faire cela *tous les jours*.

« Oui, oui, oui », confirma Louise. « Tout est affaire d'entraînement. Il faut choisir les affirmations qui nous plaisent le plus, et commencer par là. Sache que ces affirmations vont créer de nouvelles conditions et de nouvelles situations dans ta vie. Ces habitudes vont effectivement transformer ton existence. Si nous sommes capables de développer l'habitude de nous dénigrer, nous sommes également capables de prendre l'habitude de nous soutenir ! »

On en revient à ce que tu dis sans cesse, depuis le début de ce livre, à savoir que les mesures les plus importantes que nous puissions prendre sont en réalité ces petits changements tout simples qu'il nous faut mettre en œuvre au niveau de nos pensées. Et il faut continuer de s'entraîner, jour après jour.

« Exactement. En même temps, il faut chercher la moindre petite preuve qui te montre que ça marche, que ta conscience est en train de changer. Ensuite, concentre-toi sur ce succès, pour être motivée à poursuivre.

« C'est ce que tu as fait, Cheryl. Tu as fait quelque chose que tu trouvais stupide au départ – travailler devant le miroir, par exemple – et tu as ainsi obtenu des résultats. Tu en as parlé dans ton dernier livre. Et, depuis qu'on travaille ensemble, c'est de nouveau arrivé plusieurs fois. La méthode Pilates en est un bon exemple. »

Louise avait raison. Au cours d'une précédente visite, elle m'avait invitée à venir avec elle à une séance de Pilates et, comme ça m'avait toujours intéressée, j'ai accepté de faire un essai. Pour avoir soulevé des haltères durant huit ans, je commençais à en avoir assez et je souhaitais trouver quelque chose de nouveau à faire. En fait, j'ai tellement aimé cette séance avec Louise qu'à mon retour j'ai trouvé un prof et j'ai commencé à prendre des leçons hebdomadaires juste pour moi.

En peu de temps, j'ai eu le sentiment d'avoir fait de vrais progrès : j'avais découvert des muscles dont j'ignorais jusqu'à l'existence et je possédais désormais un sentiment de force intérieure qui me faisait me tenir plus droite et me sentir plus vivante qu'auparavant. C'était là des signes extérieurs qui m'indiquaient que ce que je faisais était efficace, mais c'était surtout le succès dont je percevais la trace *intérieure* qui m'incitait à poursuivre.

Chaque fois que mon prof me mettait face au miroir pour observer ma silhouette, je me répétais intérieurement des affirmations pour mon corps, tout en exécutant mes exercices : *Je t'aime, mon cher corps. Merci de tenir le coup. Tu es un corps tellement beau. Merci d'être si souple et coopérant, aujourd'hui. J'aime observer ta force et ta grâce.*

Non seulement je renforçais et tonifiais mes muscles extérieurs, mais je développais également d'importants muscles intérieurs. Mon travail quotidien devant le miroir, ainsi que l'amour de soi que j'avais résolu de développer, m'avait conduite à adopter une activité que j'aimais beaucoup et qui semblait tout à fait adaptée à mon corps.

« N'est-il pas intéressant de voir comment la méthode Pilates a fait son entrée dans ta vie ? » me demanda Louise. « Tout en facilité et sans effort. Tu as pris pour objectif d'aimer ton corps d'une nouvelle manière, et quand l'occasion s'est présentée, tu étais toute prête à essayer. »

J'imagine que j'avais l'état d'esprit dont tu parles, lui répondis-je en souriant. Celui qui attire exactement ce dont nous avons besoin, pile au bon moment. Désormais, je fais du Pilates trois fois par semaine, et j'adore la moindre minute que j'y passe !

« L'important, c'est que tu étais ouverte à l'idée d'essayer quelque chose de nouveau. Même si tu avais détesté cela, je souhaitais que tu fasses cette expérience : et si après coup tu m'avais dit que ça ne te plaisait pas, cela n'aurait pas été un problème. Il faut être disposé à essayer de nouvelles choses pour trouver ce qui convient à notre corps. On commence par faire un pas, puis un autre, puis un troisième. Et avant même d'en avoir pris conscience, on a déjà franchi trois pâtés de maisons. » Elle frappa la table de son index. « Quand ton attention est fixée sur chacune de ces étapes, et non sur le résultat final – et que tu vois que ça marche – tu te sens bien et ainsi tu continues d'attirer exactement ce qu'il te faut pour aller où tu veux aller. »

« Regarde-toi, Cheryl. Je te suggère la méthode Pilates, tu l'essaies et tu découvres que tu adores ça. Maintenant, tu en fais trois fois par semaine. Ou encore tu envoies de l'amour à Michael alors que tu es sur le point de te disputer avec lui pour avoir pris la mauvaise direction en voiture, et tu te mets à éprouver toi aussi de l'amour. On essaie quelque chose, on en voit les résultats, on constate que notre point de vue s'en est amélioré, et tout ça nous encourage à poursuivre. Peu importe où tu commences, du moment que tu es *prête* à commencer. Vois-tu, des tas de gens diront : *"C'est n'importe quoi. C'est absolument n'importe quoi."* Et on ne peut pas tester quelque chose, si on se dit que c'est n'importe quoi. »

J'appréciais cette idée de Louise de se concentrer sur ce qui marche pour nous et de prendre ainsi le temps de développer de nouvelles habitudes qui nous font du bien. Je me sentais souvent frustrée et vaincue d'avance, parce que toute mon attention était fixée sur le résultat final, et non sur le parcours y conduisant. Voici des années, au cours d'une conversation avec une amie – une autre femme pleine de sagesse, de plus de 80 ans – à propos du développement de mon activité professionnelle, je lui ai fait part de ma frustration de voir le temps qu'il fallait pour parvenir au but que je m'étais fixé. Cela faisait une année que j'avais lancé mon affaire et j'étais déçue des résultats, car je n'avais pas encore réussi à vendre une seule intervention payante.

« Vous les jeunes, aujourd'hui », fit cette dame en secouant la tête, « vous voulez le succès du jour au lendemain. Qu'est devenue la joie de maîtriser progressivement son domaine d'activité ? De mon temps, les gens prenaient des années pour atteindre le succès que tu aurais déjà voulu connaître hier, et ils y prenaient plaisir. Ralentis donc un peu, mon amie. Le parcours n'en sera que plus intéressant. »

J'ai fait de mon mieux pour me détendre et tenir compte de son conseil. Toutefois, quelques années plus tard, je me suis de nouveau retrouvée à arpenter ma cuisine dans tous les sens et à me plaindre à mon mari du temps qu'il fallait pour mettre en place mon activité de coaching, une toute nouvelle profession que je n'avais commencée que depuis un an et demi.

Le message de Louise ne tombait pas dans l'oreille d'une sourde et je savais qu'il était important. Notre culture nous forme à nous focaliser sur un résultat rapide : perdre 5 kg en une semaine, retrouver un ventre plat en l'espace d'une nuit grâce à un bon complément alimentaire à base de fibres. Nous voulons un *gros* succès, de *grands* changements et d'*excellents* résultats d'une minute à l'autre !

« Oui », convint Louise. « Toujours plus, toujours plus vite… et avec beaucoup de souffrances en prime. Nous devons prendre plaisir à ce que nous faisons. Cela fait un certain temps que tu pratiques la méthode Pilates, maintenant et - c'est vrai - tu as tenu tes engagements, mais il est surtout important que tu y prennes plaisir. C'est super. Et ton corps change de manière très positive. Nous devons arrêter d'être obsédés par l'envie de guérir le problème superficiel, visible. Nous devons plutôt avoir pour objectif de prendre de petites mesures positives qui auront pour effet que nous nous sentirons bien à chaque instant. C'est ainsi qu'il devient plus facile et plus agréable de s'aimer, d'aimer son corps et d'accepter le vieillissement : en faisant de petits changements positifs. »

En changeant de sujet, en quelque sorte, j'ai demandé à Louise si on pouvait parler davantage du vieillissement. Je me suis demandé ce qui la préoccupait le plus, à mesure qu'elle prenait de l'âge.

« Certaines personnes s'inquiètent de perdre la jeunesse de leurs traits. Mais il y a quelques années, mon inquiétude à moi était de perdre mes facultés mentales. J'ai dû capter certains messages, dans l'enfance, qui ont semé cette peur dans mon esprit. Mais tout cela a disparu, maintenant, et j'en sais assez pour garder un mental en pleine forme, grâce à une bonne nutrition et de bonnes pensées. Quand on mange n'importe quoi, on se prépare à avoir des problèmes en vieillissant. Aujourd'hui, mon souci serait de perdre la santé. C'est pour cela que je prends grand soin de moi. »

On est tous confrontés à des défis différents, en vieillissant. À l'approche des 50 ans, moi aussi je me suis regardée dans le miroir et je me suis sentie triste et déprimée de voir apparaître certaines rides, ou ma peau devenir plus flasque, mais ce qui m'inquiétait surtout, c'était l'idée d'avoir moins d'énergie. J'ai toujours été une femme débordante d'énergie, fière de réaliser ses buts et d'arriver à bout de toutes ses tâches, au travail et à la maison. Quand j'ai constaté que mon énergie diminuait un peu, j'ai mis ça sur le compte du vieillissement et j'ai commencé à me faire du souci. Était-ce le début de la fin de mes années les plus productives ? Faudrait-il que je fasse encore plus attention à ce que je mange et que j'augmente mon activité physique pour garder le même niveau d'énergie ? Ou fallait-il simplement que j'accepte le fait que nous ralentissons tous, à mesure que nous prenons de l'âge ?

Au cours de l'année qui s'achève, j'en suis venue à comprendre l'énergie d'une manière différente. Oui, je peux prendre soin de moi pour rester en forme, mais je peux aussi accueillir les cadeaux que l'âge a à m'offrir, comme la présence d'esprit qu'il est important de ralentir pour utiliser son énergie de façon plus délibérée. L'âge et l'expérience m'ont donné la permission de consacrer mon énergie aux priorités qui m'importent le plus : prendre soin de moi, m'occuper des relations qui comptent, prendre du temps seule pour me régénérer et m'adonner à diverses formes d'expression créatrice qui me nourrissent l'âme.

Rien de tel que les années qui passent pour s'inquiéter un peu moins des détails terre-à-terre de l'existence, comme de ce que pensent les autres. Voilà les cadeaux qu'apporte le vieillissement. Ça, mais aussi le fait que je cherche beaucoup plus à m'ouvrir à la direction que la Vie cherche à m'imprimer – à répondre à ce qui se présente – plutôt qu'à vouloir diriger la Vie moi-même, avec mon vieux moi obsédé par l'effort, par la réussite et la capacité à concrétiser les choses. Même si je n'ai sans doute plus l'air aussi jeune qu'il y a dix ans, je possède désormais un autre genre de beauté : la beauté de la sagesse.

« Le plus drôle, c'est que désormais tu auras moins de rides », me dit Louise avec un petit rire. « Voyons les choses en face : les gens qui se font du souci parce qu'ils vieillissent, et qui se demandent à quoi ils vont ressembler, deviennent de plus en plus tendus. Alors que lorsqu'on est en paix avec le vieillissement, on cherche surtout à être heureux et à se sentir bien.

« Tu n'auras plus jamais 20, 30, 40 ou 50 ans ; tu auras l'âge que tu as. Et si tu regardes des photos d'autrefois, tu pourrais te dire, *Mon Dieu, j'étais superbe.* Mais quand tu avais cet âge-là, je suis sûre que tu pensais que tu n'étais pas encore assez belle. On est toujours plus beau qu'on ne le croit, de toute façon, et il est temps pour nous de l'apprécier. »

Je me rends aussi compte que je suis plus douce et plus gentille envers moi-même, dis-je. Et je pense qu'il est désormais plus agréable d'être en ma présence.

« J'ai remarqué la même chose, depuis qu'on travaille sur ce livre », fit observer Louise. « L'autre jour, au moment de repartir d'une réunion, j'ai essayé de prendre la même route qu'à l'aller, mais il y avait un camion en travers de la route et j'ai dû changer de chemin. Alors, j'ai dû contourner le quartier, de sorte que je ne savais plus où j'étais, mais je savais où je voulais aller. Par le passé, c'est quelque chose qui m'aurait irritée, mais là, je me suis dit, "Ce n'est pas grave, tout va bien. Tu sais, c'est la première fois que tu fais ce trajet, et c'est plutôt une jolie route. Continue d'avancer et tu finiras bien par arriver où tu veux. » Et tout d'un coup j'ai réalisé, "Oh, c'est là que je suis ! Me voilà de retour sur le trajet que je voulais." »

As-tu toujours manifesté autant de curiosité à l'égard de la vie ? Es-tu constamment en train d'observer tes pensées et tes actes, et de faire les ajustements nécessaires ?

« J'ai effectivement toujours été très curieuse, dans la vie, ce qui m'a aidée à rester jeune de cœur. Et même très jeune. J'adore suivre des cours, j'aime étudier et apprendre de nouvelles choses. Actuellement, j'attends que quelque chose de neuf se présente, pour que je puisse suivre de nouveaux cours. J'écoute aussi beaucoup les gens : non seulement ce qu'ils disent, mais la façon dont ils s'expriment. Ma curiosité s'étend également aux autres, et à la façon dont je m'adresse à moi-même. Plus on s'écoute soi-même et plus on opère de changements en fonction de ce que l'on a découvert, plus la vie devient intéressante. »

En écoutant la sagesse que me dispensait Louise, j'ai acquis la conviction que c'est sa curiosité insatiable à l'égard de la vie, des gens et d'elle-même, qui contribue à ce qu'elle vieillisse si bien. Quand on aime apprendre – quand on s'est engagé sur un chemin de développement personnel et qu'on traduit cet engagement en acte – on conserve une implication délibérée dans l'existence qui nous comble de multiples manières. On se sent davantage connecté à soi-même, aux autres et à cette source plus vaste d'énergie qu'on appelle la Vie. Les choses deviennent très fluides, à mesure que l'on s'aligne sur sa véritable essence, c'est-à-dire sur cette partie de nous-mêmes qui est atemporelle et infinie.

Je me demandais quelles étaient les croyances qui s'étaient révélées les plus utiles à Louise, en prenant de l'âge. Elle me fit un grand sourire. « Je crois que je suis une grande fille, forte et en bonne santé, qui déborde de bonne énergie. Je suis tellement heureuse d'avoir l'énergie dont je dispose, de pouvoir vivre la vie que je vis et profiter de la compagnie de tous mes merveilleux amis. Je crois que la Vie m'aime. Je crois que je suis en sécurité à chaque instant. Je crois que seules de bonnes expériences m'attendent, je bénis les autres et je sais que la Vie me bénit aussi et m'aide à prospérer. Enfin, je sais que tout est bien dans mon monde.

« Je sais également qu'il est plus important de rire que de m'inquiéter de mes rides. D'ailleurs, je constate que je ris plus souvent. De moins en moins de choses me contrarient. Pour tout dire, je me sens plus libre que quand j'étais enfant. C'est comme si les bonnes pensées que je cultive me permettaient de retrouver un état d'innocence tout simplement merveilleux. Je me taquine et je fais des blagues plus souvent, aujourd'hui. J'ai développé un point de vue qui me permet de voir la vie sous l'angle le plus positif possible. Cette perspective positive, aimante, pleine de joie et de gratitude attire à moi la meilleure vie possible, et c'est pour cela que je vis actuellement la plus merveilleuse de toutes mes décennies. »

Et qu'en est-il de tes croyances spirituelles ? Quel rôle jouent-elles dans ta vie maintenant ?

« C'est une question intéressante. J'ai grandi sans aucune éducation religieuse, et c'est sans doute l'une des meilleures choses qui me soient arrivées. Je n'ai pas eu besoin de désapprendre quoi que ce soit, par la suite.

Lorsque j'ai découvert l'univers métaphysique, à l'église de la science religieuse, tout me paraissait très sensé : l'idée que nous sommes tous des expressions d'une Intelligence divine et que lorsque nous nous alignons sur cette intelligence, nous parvenons à obtenir les résultats que nous voulons. À l'époque, j'allais très souvent à l'église et j'y absorbais tous les enseignements que je recevais. Mais aujourd'hui, c'est mon jardin qui est mon église. C'est là que je vais et que je travaille, et j'y trouve la paix. S'il y a un orateur ou un pasteur formidable qui fait une intervention non loin, il se peut que je m'y rende pour l'écouter, mais j'en ai déjà beaucoup entendu. Aujourd'hui, je *vis* les choses. »

Il était temps pour Louise et moi de nous rendre à une soirée d'auteurs organisée par Hay House pour toute l'équipe qui intervenait au congrès. Toutefois, Louise avait encore un conseil important à partager avec moi, en matière de santé et vieillissement.

« Nous devons aussi prendre l'habitude de nous toucher davantage. Nous avons tous besoin de nous prendre plus souvent dans les bras. Je sais que de nombreuses personnes ne peuvent pas se permettre une séance de massage, mais on peut tous se prendre dans les bras, s'étreindre ou se donner l'accolade. On faisait beaucoup cela, à l'époque de nos Hayrides avec les groupes de malades du sida, ce qui faisait beaucoup sourire les gens. Se prendre dans les bras nous aide à rester jeunes et heureux. » Sur ce, elle se leva, s'avança vers moi et me prit dans ses bras.

En sentant à la fois la force de ses bras et la chaleur de son cœur, j'ai songé, *Ouaip ! Je dois dire que c'est une jolie façon de rendre le vieillissement beaucoup plus facile.*

CHAPITRE 7

La fin du film

En sortant de la douche, j'ai senti la mélancolie peser de tout son poids sur ma poitrine. J'éprouvais une tristesse que je ne parvenais pas à expliquer. Je me suis assise au bord de la baignoire et j'ai laissé cette émotion pleinement se manifester, vivre en moi, en attendant d'en extraire la sagesse. À mesure que se succédaient mes respirations lentes et profondes, la réponse a commencé à émerger. Le printemps approchait et l'hiver que je venais de consacrer à l'écriture touchait à sa fin. Il était bientôt temps de dire au revoir à ce livre.

Je savais bien comment ça se passait. Chaque fois que j'arrive à la fin d'un livre, j'ai à la fois tendance à me précipiter pour l'achever et à ralentir pour savourer une dernière fois tout le processus. J'en étais à mon dernier chapitre et j'éprouvais une sensation douce-amère à le terminer. Mais ce n'était pas tout…

J'ai pris également conscience que je me faisais du souci pour un ami cher qui était gravement malade. J'avais peur pour lui, pour moi, pour nous. J'enveloppai mes cheveux d'une serviette, me mis un peu de mascara et du rouge à lèvres. Il fallait que je m'habille. Louise et moi étions dans le centre-ville de Vancouver pour un événement, et nous devions nous retrouver pour le petit-déjeuner dans une demi-heure (et Louise est toujours en avance). Cette fois, j'avais un programme en tête.

Nous prîmes place à une table tranquille, à l'arrière du restaurant de notre hôtel. Notre rituel était devenu désormais comme une seconde nature : je m'asseyais, je sortais immédiatement mon iPhone et j'appuyais sur la touche "enregistrement", tout en déballant mes notes. Assise devant Louise, je me sentais un peu vulnérable, flageolante. Je faisais de mon mieux pour retenir mes larmes, mais en sa présence, je me sentais toujours transparente. Elle voyait bien que quelque chose n'allait pas, mais elle resta assise là, tranquillement, en me regardant dans les yeux, à attendre que je m'exprime.

J'ai un grand ami qui est gravement malade, lui confiai-je, et j'ai peur qu'il meure. Tout en voulant rester positive, je ne peux m'empêcher de me demander s'il va s'en sortir ou non, et je ne sais pas comment évoquer ce sujet avec lui. Je sais que tu as déjà une grande expérience de la maladie et de la mort, et j'aimerais bien savoir quoi faire.

« Tu l'*aimes* », répondit-elle aussitôt. « Et cela en fait une bonne expérience. Lorsque les gens sont en difficulté, je me concentre toujours sur un nombre limité de choses. Premièrement, sur ce qu'ils sont, en tant que personne, et non sur leur maladie. J'aime leur rappeler à quel point ils sont formidables, combien ils sont drôles, attentionnés, pleins de sagesse ou de bonté. J'évoque souvent les meilleurs souvenirs que nous avons partagés. Mais surtout, je les laisse prendre eux-mêmes la direction du processus. Il faut respecter les gens là où ils en sont. Je leur demande simplement comment ils se sentent, dans la situation qui est la leur, et je laisse ensuite leurs réponses indiquer la direction que prendra notre conversation à partir de là. »

En écoutant Louise, les larmes que je retenais se sont finalement échappées et elle a sorti un mouchoir en papier de son sac à main. « On ne sait jamais où ces aventures nous conduisent, n'est-ce pas ? », fit-elle remarquer avec un sourire, tout en me tendant le mouchoir. « C'est difficile, quand ça arrive. »

Je sais qu'il faut avoir des pensées positives, mais…

« Minute », m'interrompit-elle, « La mort n'est pas quelque chose de négatif. C'est une étape positive de la vie. Nous y passerons tous. Tu es contrariée, parce que tu n'as pas envie que ça lui arrive maintenant. »

Ni d'une manière douloureuse, admis-je.

« Oui, c'est important pour nous que les êtres qui nous sont chers ne souffrent pas. Je me rappelle l'époque où ma mère était sur le point de mourir. Elle avait quatre-vingt-onze ans et était très malade, et les médecins voulaient entreprendre une opération monumentale. Je leur ai dit, "Il n'en est pas question ! Vous n'allez pas faire subir cela à une femme de cet âge. Contentez-vous de lui épargner la moindre douleur." C'était cela la priorité : faire en sorte qu'elle ne souffre pas et qu'elle puisse s'en aller en douceur. Et c'est exactement ce qui est arrivé. Au cours des quelques jours qui ont suivi, elle ne cessait de perdre et de reprendre conscience. Elle décrochait, puis elle revenait pour parler de ses proches, puis elle décrochait à nouveau avant de revenir nous raconter une autre histoire, mais surtout elle ne souffrait pas, ce qui était important pour moi.

« Nous allons tous quitter ce monde, à un moment ou un autre, Cheryl, et je ne crois pas qu'il faille en avoir peur. Vois-tu, je n'ai pas été élevée avec des idées d'enfer et damnation. Je les ai pourtant connus… mais comme je n'ai pas été éduquée avec ces concepts-là, je n'ai pas peur de la mort. Et je ne crois pas que nous allions en enfer. J'y suis déjà passée. »

Ces dernières phrases avaient été exprimées d'un ton si neutre qu'elles ne pouvaient émaner que d'une personne ayant transcendé ses souffrances passées. J'ai opiné du chef, j'ai souri et séché mes larmes.

« Nous devons nous occuper de tout ce qu'on nous a raconté à propos de la mort », poursuivit Louise. « Si vos parents fréquentaient une église où l'on parlait de l'enfer et de la damnation, vous êtes probablement très effrayé de la mort. Vous allez probablement vous demander, *Me suis-je bien comporté, et si ce n'est pas le cas, est-ce que je vais brûler en enfer pour l'éternité ?* Et si jamais vous pensez effectivement que vous allez griller jusqu'à la fin des temps, vous serez absolument terrifié à l'idée de mourir. Il n'est pas étonnant que tant de gens aient une peur bleue de la mort. Un grand nombre de religions véhicule le même message, sous une forme ou une autre, à savoir que vous êtes un pécheur et que vous avez intérêt à bien vous comporter, sans quoi vous allez le payer au moment de mourir. Peut-être ne brûlerez-vous pas en enfer, mais en tout cas vous allez le payer. Et voilà comment la mort devient quelque chose de très effrayant. »

J'ai repensé à la notion d'enfer et de damnation, et je me suis rappelé mes souvenirs d'enfance à ce sujet. L'idée du paradis et l'enfer m'était très familière, tout comme l'existence d'un intermédiaire, le purgatoire ou les limbes. Mon éducation m'avait enseigné que si l'on est un bon catholique qui suit les commandements, on va au paradis, mais sinon, on va en enfer. Le purgatoire et les limbes représentaient un état intermédiaire où devaient se rendre ceux qui devaient expier leur péché, mais aussi les enfants qui n'avaient pas reçu le saint sacrement du baptême.

Quand j'étais enfant, j'avais pour habitude avant de me mettre au lit de m'agenouiller et de répéter les mots *Jésus, Marie et Joseph* autant de fois que possible, pour aider à libérer certaines âmes du purgatoire. L'idée que des personnes étaient prisonnières d'un endroit où elles étaient seules et avaient peur m'était détestable. Par chance, en grandissant et en étudiant progressivement diverses traditions religieuses et spirituelles, j'ai fini par troquer la notion d'enfer contre une croyance personnelle qui affirme que la mort n'est qu'une transition qui nous réunit tous à notre Créateur, dans l'amour, la compassion et le pardon.

À ce stade-là de ta vie, as-tu peur de la mort ?, demandai-je à Louise.

« Non. Je n'ai pas envie de partir maintenant, car j'ai encore envie de faire certaines choses, mais sans doute vais-je dire cela jusqu'au bout. Il reste toujours des choses à faire : assister au mariage de l'un de ses enfants, un bébé qui va naître, ou encore un nouveau livre à écrire. J'ai également l'impression très forte que nous arrivons au beau milieu d'un film et que nous repartons aussi au milieu d'un film. Mais le film continue. Nous y entrons et en ressortons. Nous faisons tous pareils. Il n'y a pas de bon ou de mauvais moment. Il y a juste *notre* heure : c'était notre heure de naître et un jour ce sera notre heure de partir. »

J'ai réfléchi à cette idée de partir au beau milieu du film et je convins que c'était sans doute ce qu'il y avait de difficile dans la mort : de ne pas pouvoir partir une fois que tout est en ordre.

Comme l'explique Louise, « Je crois que longtemps avant notre naissance, notre âme choisit de vivre certaines expériences et d'apprendre certaines leçons quant à l'art de s'aimer les uns les autres, mais aussi soi-même. Quand on a appris la leçon de l'amour, on peut repartir dans la joie. Il n'est pas nécessaire de passer par la douleur ou les souffrances. On sait que la prochaine fois, où qu'on choisisse de s'incarner, on emportera tout cet amour avec soi. »

Dès lors, la question est : comment être en paix avec l'idée de partir au milieu du film. Le problème, tel que je le vois, c'est que l'idée de la mort ne nous est pas particulièrement agréable. Nous n'en parlons pas. Nous ne nous y préparons pas. On ne s'autorise même pas à réfléchir à nos peurs et à nos préoccupations. Nous vivons dans une culture qui évite totalement ce sujet. Nous attendons donc d'être confrontés à une maladie grave et d'être ainsi forcés à prendre des décisions importantes sous la pression – à la fois pour ceux que nous aimons et pour nous-mêmes – puis, nous nous demandons pourquoi tout cela est si effrayant et si douloureux.

Pour partir en paix, nous devons d'abord accepter d'affronter cette question. Nous devons regarder en face le malaise et les sentiments désagréables que nous associons à la mort, en fixant notre peur droit dans les yeux. Sitôt que nous le ferons, nous pourrons découvrir ce que cette peur a à nous enseigner.

Pour ma part, il ne fait aucun doute que j'ai ignoré tout ce qui se rapportait à la mort jusqu'à la trentaine, quand j'ai eu le privilège d'accompagner de manière consciente tout le processus de fin de vie de quelqu'un qui comptait beaucoup pour moi. Elle s'appelait Lucie et avait un peu plus de quatre-vingts ans. Lucie avait une maison où s'étaient accumulés les trésors de toute une vie, mais aussi un esprit plein de sagesse et un grand cœur… mais elle n'avait pas de famille. Au cours d'une consultation à l'hôpital, suite à une inflammation des voies respiratoires, on l'informa qu'elle se mourait de cancer. Elle me sollicita aussitôt pour l'aider à mettre toutes ses affaires en ordre. Ma première réaction fut, *Pas question ! Je n'ai aucun intérêt à m'avancer dans ce champ de mines.* Toutefois, après avoir eu l'occasion d'en parler, ma compassion (et ma culpabilité) a pris le dessus et j'ai accepté à contrecœur.

Ce qu'il advint durant les trois mois suivants fut tout bonnement un miracle. Nous avons passé en revue, un à un, tous les trésors qui se trouvaient dans sa maison pour décider à quelles personnes spécifiques en faire cadeau. Je me suis intimement familiarisée avec sa vie, ses amours, mais aussi la façon dont elle souhaitait achever sa vie. Je lui ai fait la promesse que je respecterais ses désirs, aussi bien durant ses derniers jours qu'après qu'elle soit partie.

La nuit où Lucie est morte, j'avais donné une conférence et j'étais de retour chez moi, pelotonnée dans mon lit, quand quelque chose m'a dit de me lever et de faire le trajet d'une heure qui me séparait de l'hôpital. Sachant qu'il me fallait me fier à mon intuition, je me suis rhabillée et je suis partie en voiture. Une fois arrivée là-bas, j'ai constaté que mon amie était inconsciente, dans une chambre privée, et que se tenait à ses côtés une infirmière pleine d'amour et de compassion qui m'a assuré que Lucie pouvait entendre tout ce que je disais.

Durant presque une heure, je suis restée assise au chevet de Lucie, à passer en revue les instructions qu'elle m'avait données pour ses derniers instants. Je les ai dites à haute voix, tandis qu'elle gisait devant moi. Je l'ai assurée que tout était en ordre et qu'elle pouvait donc librement faire sa transition vers un monde plus paisible. Avais-je peur ? Certainement. Mais j'étais également préparée.

Alors que je contemplais son magnifique visage, elle s'est soudain réveillée, m'a regardée droit dans les yeux, m'a fait un grand sourire, avant de prendre sa dernière inspiration. En cet instant, quelque chose de fondamental a changé en moi. La mort et moi étions devenues amies intimes.

Cette nuit-là, je suis restée longuement au chevet de Lucie, après son décès, à regarder son visage, ses mains et son corps sans vie, à contempler cette chose effrayante qu'on nomme la mort. Mais je n'avais pas peur. Je me sentais au contraire en sécurité, touchée d'une manière à la fois tendre et profonde, et surprise de constater à quel point ce processus se révélait finalement tout naturel. Oui, mon amie allait me manquer, mais, de cette nouvelle perspective que je venais d'acquérir, la mort n'était plus le monstre silencieux que j'en avais fait, un croque-mitaine qu'il fallait absolument tenir à distance, pour ne le libérer que le plus tard possible. C'était au contraire un état paisible de lâcher-prise et d'abandon, l'accomplissement d'une promesse.

« Tu vois, tu as déjà accompagné une mort, et tu sais que cela ne va pas te tuer », me dit Louise. « C'est une expérience qui s'avère plus belle que terrifiante lorsqu'on l'aborde avec amour et avec la préparation requise. Toutefois, cela peut aussi être un cauchemar, si l'on n'est pas préparé.

« Voici un an, l'un de mes proches amis est tombé gravement malade, et j'ai beaucoup songé à ma propre mort. Il était pasteur et il faisait beaucoup de bien aux personnes confrontées à leur propre fin. Il savait exactement quoi dire et quoi faire. Il avait un véritable génie pour gérer la fin de vie. Mais quand vint son heure à *lui* de partir, les choses se passèrent tout à fait autrement. Il a été un véritable emmerdeur. Il n'arrêtait pas de gémir et de rouspéter, se plaignant sans cesse de tout et n'importe quoi. Si on s'asseyait, il voulait qu'on reste debout ; si on se levait, il voulait qu'on s'asseye.

Bientôt, plus personne ne le supportait. En regardant ce qui se passait, je me suis demandé pourquoi il était incapable de faire pour lui-même ce qu'il réussissait si bien pour les autres. »

Après avoir marqué une pause, Louise poursuivit. « De voir ainsi cet ami vivre une mort difficile m'a permis d'observer quelle était la mauvaise manière de s'y prendre. Il y avait tant de gens qui l'aimaient, et pourtant nous étions nombreux, à la fin, à avoir envie de le cogner. Il ne nous laissait pas lui témoigner notre amour. Je crois qu'il avait peur et qu'il y avait des tas de choses qu'il n'avait pas réglées. »

Donc, à voir la façon dont il a fait sa propre transition, tu as réfléchi à la manière dont tu voudrais mourir toi-même, dis-je. Comment voudrais-tu que ça se passe ?

« Premièrement, je laisserais les gens m'aimer autant qu'ils le veulent. Je les laisserais s'occuper de moi. Je leur permettrais d'en faire une expérience merveilleuse. Même si je me retrouverais probablement à devoir les réconforter *eux*. Ce serait d'ailleurs la situation idéale : leur permettre de m'aimer, tout en les réconfortant en même temps. Autre option, je me verrais bien m'endormir un soir, après une merveilleuse soirée, et ne pas me réveiller. »

Nous avons ri toutes les deux de la paix et de la simplicité qu'évoquait cette idée.

« Quand viendra mon heure de partir », clarifia Louise, « j'aimerais que cela se passe consciemment. Et je voudrais pouvoir me concentrer sur la façon de rendre cela aussi confortable que possible. Comme j'ai déjà vécu cette expérience avec mon ami, j'ai pris la décision de confier la charge de ma transition à deux personnes : l'une qui prendra toutes les décisions relatives à mon corps, et l'autre qui veillera sur mon confort émotionnel et spirituel. Quand ce sera le moment de m'en aller, j'aurai donc à mes côtés une personne qui a l'habitude de la fin de vie et qui est à l'aise avec ça. »

Je trouvais tout à fait révolutionnaire cette idée de choisir les personnes qui nous soutiendront à la fois émotionnellement, spirituellement et physiquement au moment d'aborder la fin de notre existence. Combien l'on doit se sentir mieux quand on sait qu'on sera en sécurité, avec tout le confort requis et sans douleur, entouré de personnes préparées à satisfaire nos besoins et à faciliter notre transition ! Imaginez-vous en train de réfléchir aux circonstances idéales de votre mort, de vraiment y songer…

Comme nous ne parlons jamais de la mort, vient un jour où nous avons le sentiment d'être projetés dans un système médical à qui revient de traiter le corps, mais pas nécessairement le cœur ni l'esprit. On risque ainsi de se retrouver soudain dans un hôpital, à se faire tâter et triturer, à la merci du premier médecin de garde. Parce que nous avons peur, parce que nous ne sommes pas préparés à faire des choix éclairés qui honorent notre bien-être émotionnel, physique et spirituel, nous le payons le prix fort, en ne bénéficiant pas du soutien plein d'amour et d'attention que nous mériterions.

Le choix de Louise de planifier son propre départ est une manifestation courageuse et profonde d'amour pour soi. Disposer de toute l'attention d'une personne de confiance peut transformer un désastre potentiel en une fin de vie paisible. Il me fallait donc lui demander sur quels critères elle s'était appuyée pour choisir les personnes auxquelles elle avait demandé de lui apporter leur soutien pour sa transition. Recherchait-elle certaines qualités en particulier ? Avait-elle mis en place une certaine marche à suivre, pour le processus ?

« J'ai choisi deux personnes dont je suis sûre qu'elles seront là pour moi, dans mes derniers instants », répondit-elle. « Elles savent ce que je veux, ce dont j'ai besoin pour me sentir bien, et elles ont convenu de respecter mes désirs. Je les connais bien et je fais confiance à leur expérience. Chacune d'elles maîtrise si bien son propre champ d'expertise que je n'aurai pas besoin de leur fournir d'instructions spécifiques. Il y a d'une part un homme qui a accompagné de nombreuses personnes dans leurs derniers instants, et d'autre part un praticien de santé qui connaît bien mon corps et mes besoins. Je peux leur faire confiance, je sais qu'ils feront ce qu'ils ont dit qu'ils feraient, et c'est cela le plus important. »

Donc, cette planification anticipée contribue à ton sentiment de paix ? Faire face à la mort apaise nos peurs ?

« Je dois dire que si un grand nombre de jeunes hommes sont morts du sida, à l'époque où je travaillais avec eux, beaucoup d'entre eux sont morts en paix. Nous parlions de la mort et nous l'affrontions ensemble. Je me rappelle en particulier un homme, David Soloman, qui nous a autorisés à faire tout son rituel d'enterrement devant lui. Il savait qu'il ne lui restait plus que quelques jours à vivre et il est venu à notre réunion en fauteuil roulant. »

Je vis des larmes se former dans les yeux de Louise et ce fut à mon tour d'aller lui chercher un mouchoir en papier. « Nous avons tous exprimé les choses merveilleuses que nous aurions dites à son enterrement, mais en sa présence », me dit-elle. « Ce fut pour chacun d'entre nous une expérience magnifique. Nous voulions que ce soit un moment paisible, plein d'amour et de réconfort pour lui. Et c'est ce que nous avons fait. »

Quel rituel merveilleux, dis-je, en la regardant dans les yeux.

« J'avais pour habitude de dire la même bêtise à tous ces gars. Je leur parlais de la réincarnation et je leur disais que j'essaierais de les retrouver dans le visage de nouveau-nés. Je leur mimais alors ce que je ferais : "Est-ce que c'est toi, David Soloman ? C'est bien toi, là-dedans ? Est-ce que tu es revenu nous voir ? Tu as vraiment l'air mignon." Ça les faisait tous rigoler. »

Moi aussi, je riais, en l'écoutant raconter cette histoire. Ensuite, je lui ai demandé si elle estimait que son travail avec tous ces hommes atteints du sida représentait la partie de son œuvre lui ayant procuré la plus grande satisfaction.

« C'était incroyable. C'était incroyable... », répétait-elle. « Au niveau astrologique, c'est l'époque où Pluton a transité sur mon Soleil natal, un passage qui est souvent terriblement difficile, pour la plupart des gens, car il s'accompagne de toutes sortes de leçons sur la mort. Mais j'ai appris la leçon ultime. J'avais tant à faire pour m'occuper de ces hommes que je n'avais pas le temps de m'inquiéter pour moi-même. Et plus j'étais simple, moins j'en faisais, plus ils me disaient combien notre réunion avait été merveilleuse.

« Parfois, je restais juste assise là, je faisais une petite prière d'ouverture, suivie d'une méditation, ou je demandais à quelqu'un de parler, et quand il avait fini, de choisir quelqu'un d'autre. Et à la fin de notre réunion, nous faisions des triades de guérison. Une personne s'allongeait, une autre s'asseyait au niveau de sa tête et une troisième à ses pieds, et ils la touchaient pendant que je dirigeais la méditation, sur un fond musical. Ensuite, nous inversions les rôles, pour que tout le monde ait l'occasion de recevoir de l'amour. C'étaient les choses les plus simples qui avaient le plus d'importance à leurs yeux. »

Y a-t-il des affirmations dont tu te servais pour affronter la mort ?

« Oui, il faut utiliser des affirmations destinées à transformer nos systèmes de croyances à propos de l'au-delà. Il est important de remarquer qu'il y a en nous un petit enfant terrorisé qui se rappelle certains messages sur l'enfer et la damnation. Il faut alors utiliser des affirmations pour guérir ces croyances, afin que la mort ne soit pas aussi effrayante. »

Louise partagea avec moi plusieurs affirmations qu'elle avait utilisées au fil des ans :

À la fin de cette vie, je me réjouis de retrouver tous les êtres qui me sont chers, de l'autre côté.

Je passe de l'autre côté de la vie dans la joie et la facilité, le cœur en paix.

Je me réjouis tellement de retrouver ceux que j'aime, à la fin de ce voyage.

Je ne distingue que de l'amour et de la paix de l'autre côté de cette phase de ma vie.

Il n'y a que de bonnes choses qui m'attendent. Je suis en sécurité et je suis aimée.

« Il est plus facile de s'en aller, si l'on se sent réconforté », dit Louise. « Si l'on meurt en se disant que ce sera une bonne chose, on n'a pas peur. »

Et comme on ne sait pas ce qu'il y a de l'autre côté…

« Exactement. Personne ne le sait. Il y a des gens qui ont de fortes croyances à ce propos et qui nous diront ce qu'ils pensent être vrai, mais personne ne le sait vraiment. Il faut donc encourager les gens à penser à la fin de leur vie et à s'y préparer, d'une manière réconfortante. Peu importe l'âge qu'on a, c'est quelque chose d'important à faire. Je pourrais tout à fait survivre aux personnes que j'ai choisies pour prendre soin de moi et, dans ce cas, je suis sûre que la Vie me présenterait d'autres options. J'ai déjà réchappé à beaucoup de choses. J'ai indubitablement traversé des horreurs, mais je m'en suis toujours sortie. »

À quoi penses-tu que cela est dû ?

« Eh bien, je me dis que c'est peut-être parce que j'avais des choses importantes à faire, alors je me suis toujours tirée d'affaire. J'ai toujours été du genre à prendre des risques. Et en fin de compte, lorsqu'on va à la rencontre de la Vie, il semble que la Vie vienne elle aussi à notre rencontre. »

Il ne fait aucun doute que Louise va à la rencontre de la Vie. À la fin de ce que j'imaginais être notre dernière rencontre, je suis revenue dans ma chambre débordante d'amour et d'une admiration profonde pour cette expérience qui avait changé ma vie. Quelle chance j'avais eu d'avoir pu passer autant de temps avec une femme aussi extraordinaire. En mettant la clé dans la serrure de ma chambre d'hôtel, je savais que ma vie ne serait plus jamais la même. Mais je savais également autre chose, au tréfonds de mon être : *Il ne fait aucun doute que la Vie m'aime.*

Quelques jours plus tard, après être rentrée de ce voyage à Vancouver et avoir passé mes notes en revue, j'ai réfléchi à la manière dont je pouvais terminer ce livre. Plutôt que de vouloir à tout prix trouver les bonnes phrases, j'ai lâché prise pour laisser plutôt la conclusion idéale venir à ma rencontre. La réponse est arrivée quelques jours plus tard, sous la forme d'un e-mail de Louise. C'était une lettre qu'elle avait retrouvée, datant d'il y a bien longtemps, adressée à un jeune homme qui se mourait du sida. Cela n'aurait pas pu tomber mieux :

Très cher,

Voici quelques réflexions de ma part sur ce processus naturel et parfaitement normal consistant à quitter notre planète, un processus par lequel nous devons tous passer. Plus nous sommes en paix avec cette expérience, plus elle est facile. Voici ce que je sais :

Nous sommes toujours en sécurité

Ce n'est qu'un changement

Dès l'instant où nous venons au monde

Nous nous préparons à être accueillis
une fois encore par la Lumière

Prépare-toi à la paix maximale
Les anges t'entourent
Ils te guident à chaque instant

Quelque façon de sortir que tu choisisses
Ce sera parfait pour toi

Tout se déroulera
dans une séquence spatio-temporelle parfaite

Il est temps de te réjouir
et d'être dans la joie
tu es en chemin pour rentrer à la maison
Comme nous tous.

SYNTHÈSE DE TOUTES LES AFFIRMATIONS

POUR LA GUÉRISON :

Je m'aime et je me pardonne.

Je me pardonne d'avoir laissé ma/mon [colère, peur, ressentiments ou autres] nuire à mon corps.

Je mérite de guérir.

Je suis digne de guérir.

Mon corps sait se guérir.

Je coopère avec les besoins nutritionnels de mon corps.

Je lui offre une nourriture saine et délicieuse.

J'aime chaque centimètre carré de mon corps.

J'imagine qu'une eau fraîche et pure s'écoule à travers tout mon corps et en lave toutes les impuretés.

Mes cellules saines se renforcent chaque jour.

J'ai confiance en la Vie : elle soutiendra ma guérison de toutes les manières possibles.

Chaque main qui touche mon corps est une main guérissante.

Mon médecin est étonné par la rapidité avec laquelle mon corps guérit.

Chaque jour, à tous égards, je suis de plus en plus sain-e.

Je m'aime.

Je suis en sécurité.

La Vie m'aime.

Je suis guéri-e et complet-e.

AU MOMENT OÙ VOUS VOUS RÉVEILLEZ ET VOUS OUVREZ LES YEUX :

Bonjour, mon lit, et merci d'avoir été si confortable. Je t'aime.

Mon cher/ma chère [votre nom], cette journée est bénie.

Tout est bien. J'ai le temps pour tout ce que je dois faire aujourd'hui.

EN VOUS REGARDANT DANS LE MIROIR À LA SALLE DE BAINS :

Bonjour [votre nom]. Je t'aime. Je t'aime vraiment beaucoup.

Des expériences formidables t'attendent aujourd'hui.

Tu as l'air en pleine forme.

Tu as un sourire merveilleux.

Ton maquillage (ou ta coiffure) a l'air parfait.

Tu es vraiment mon idéal de femme (ou d'homme).

Nous allons passer une journée géniale aujourd'hui.

Je t'aime tendrement.

Sous la douche :

J'aime mon corps et mon corps m'aime.

C'est un vrai plaisir de prendre une douche.

L'eau est très agréable.

J'ai de la reconnaissance pour les personnes qui ont conçu et construit cette douche.

Ma vie est vraiment bénie.

En allant au WC :

Je me libère facilement de tout ce dont mon corps n'a plus besoin.

L'ingestion, l'assimilation et l'élimination fonctionnent toutes parfaitement.

En vous habillant :

J'aime ma penderie.

J'ai vraiment de la facilité à m'habiller.

Je choisis toujours les choses qui me vont le mieux.

Je me sens bien dans mes habits.

Je fais confiance à ma sagesse intérieure pour choisir une tenue idéale.

Dans la cuisine :

Bonjour à toi, ma cuisine, tu es pour moi le centre de la nutrition. Je t'apprécie beaucoup ! Toi et tous mes appareils électroménagers, vous m'aidez beaucoup à préparer des repas délicieux et nutritifs. Il y a tant d'aliments sains et savoureux dans mon réfrigérateur. Il est facile de faire des plats nutritifs et délicieux. Tu m'aides à être de bonne humeur. Je t'aime.

Pendant le repas :

Je suis tellement reconnaissante de pouvoir manger cette nourriture merveilleuse. Je bénis ce repas de tout mon amour. J'adore choisir des aliments qui sont à la fois sains et délicieux. Toute la famille apprécie ce repas. Les heures des repas sont des moments pleins de rires et de joie. Le rire fait du bien à la digestion. La préparation de repas sains est une vraie joie. Mon corps adore la façon dont je choisis les meilleurs aliments pour chaque repas. Quelle chance j'ai de pouvoir choisir des aliments sains pour toute ma famille. Nous voilà tous nourris, en préparation à la journée qui s'annonce. Dans cette maison, tous nos repas sont harmonieux. Nous nous réunissons dans la joie et l'amour. Les heures de repas sont des moments joyeux. Les enfants adorent goûter de nouveaux aliments. Mon corps guérit et se renforce à chaque bouchée que j'avale.

Au volant :

Je suis entourée de bons conducteurs et j'envoie de l'amour à toutes les voitures qui m'entourent.

Mon trajet s'effectue facilement et sans effort. Tout se passe bien et plus rapidement que prévu. Je me sens bien dans ma voiture. Je sais que ce sera un trajet magnifique jusqu'à mon bureau [ou à l'école, au supermarché ou ailleurs]. Je bénis ma voiture de tout mon amour. Et j'envoie de l'amour à toutes les personnes qui sont sur la route.

Durant la journée :

J'aime ma vie. J'aime cette journée. La vie m'aime. J'adore quand il fait soleil. C'est merveilleux de ressentir tout cet amour dans mon cœur. Tout ce que je fais me procure de la joie.

Au travail :

Je travaille en collaboration, de manière créative, avec des personnes inspirantes sur des projets qui contribuent à la guérison de la planète.

J'ai une relation merveilleuse avec tout le monde, au travail, y compris _______.

Je suis entourée de collaborateurs merveilleux.

C'est un vrai plaisir que de travailler avec mes collègues.

Nous passons vraiment de bons moments.

J'ai une relation merveilleuse avec mon patron.

J'aime toujours les endroits où je travaille. Je décroche toujours les meilleurs emplois. Et l'on m'apprécie toujours.

Je libère ce poste pour une autre personne qui sera ravie de le décrocher.

J'accepte un poste qui fait appel à toutes mes capacités créatrices. C'est un emploi profondément satisfaisant, et c'est avec beaucoup de joie que je vais au travail chaque jour. Je travaille pour des gens qui m'apprécient. Le bâtiment où se déroule mon activité est lumineux et spacieux : on y respire l'enthousiasme. Mon nouveau poste est situé dans un endroit parfait et je touche un bon salaire, ce pour quoi je suis profondément reconnaissante.

De retour à la maison :

Bonsoir, ma maison ! Me voilà de retour. Je suis bien contente d'être là. Je t'aime. Passons une bonne soirée ensemble. Je me réjouis de revoir ma famille. Nous allons passer un bon moment ensemble ce soir. Les enfants vont boucler leur devoir en un rien de temps. Le dîner semble en train de se faire.

Pour favoriser la santé et aimer son corps :

Cette période de ma vie est agréable et facile.

Je suis agréablement surprise par la facilité avec laquelle mon corps s'adapte à la ménopause.

Je dors bien la nuit.

Mon corps est mon meilleur ami ; lui et moi avons une vie formidable. J'écoute les messages de mon corps et j'y réagis adéquatement. Je prends le temps d'apprendre à connaître le fonctionnement de mon corps, pour savoir ce que je dois manger pour qu'il soit en pleine santé. Plus j'aime mon corps, plus je me sens en bonne santé.

Salut à toi, mon corps, merci d'être en aussi bonne santé. Tu as l'air magnifique aujourd'hui. C'est une joie pour moi que de t'aimer pour t'aider à atteindre une santé idéale. Tu as de très beaux yeux. J'aime ta silhouette magnifique. J'aime chacun de tes centimètres carrés. Je t'aime de tout mon cœur.

Face aux difficultés

Je me libère de cet incident avec amour ; il est terminé.

Je me réjouis du moment suivant, qui sera tout neuf et vierge.

Il n'y a que de bonnes expériences qui m'attendent.

Où que j'aille, je suis accueillie avec amour.

J'aime la Vie, et la Vie m'aime.

Tout est bien, et moi aussi je vais bien.

J'aboutis à une résolution pacifique de ce problème. Ma situation inconfortable au travail se résout rapidement et tout le monde est ravi de la solution trouvée.

Je me libère de tous mes problèmes dans la vie et désormais je tire toute mon énergie de la paix.

POUR LA PROSPÉRITÉ

Quoi que je fasse, mes affaires prospèrent.

Mes revenus ne cessent d'augmenter.

Je bénis chacun dans mon monde et je l'aide à connaître l'abondance, et en retour chacun me bénit également et m'aide à atteindre l'abondance.

La Vie m'aime, et tous mes besoins sont satisfaits à chaque instant.

J'accepte avec gratitude toutes les bonnes choses que j'ai actuellement dans ma vie. La Vie m'aime et pourvoit à mes besoins. J'ai l'assurance que la Vie va prendre soin de moi. Je mérite l'abondance. La Vie satisfait toujours mes besoins. Chaque jour, l'abondance se déverse dans ma vie de façon surprenante. Mes revenus ne cessent d'augmenter. Où que je me tourne, la prospérité est au rendez-vous.

Pour se préparer à ses derniers instants

À la fin de cette vie, je me réjouis de retrouver tous les êtres qui me sont chers, de l'autre côté.

Je passe de l'autre côté de la vie dans la joie et la facilité, le cœur en paix.

Je me réjouis tellement de retrouver ceux que j'aime, à la fin de ce voyage. Je ne distingue que de l'amour et de la paix de l'autre côté de cette phase de ma vie. Il n'y a que de bonnes choses qui m'attendent. Je suis en sécurité et je suis aimée.

À PROPOS DES AUTEURS

Conférencière, professeure de métaphysique et auteure de best-sellers, **Louise L. Hay** a publié de nombreux ouvrages, dont *Transformez votre vie* et *Oui à la femme*. Ses livres ont été traduits en 26 langues, dans 35 pays. Elle a déjà aidé des millions de gens à découvrir et à exploiter leur plein potentiel créateur à des fins de croissance personnelle et d'autoguérison.

Louise Hay est fondatrice et présidente de Hay House, Inc., une maison d'édition qui diffuse des livres et des cassettes audio et vidéo contribuant à guérir la planète.

www.LouiseHay.com®
www.YouCanHealYourLife.com®

Cheryl Richardson est l'auteur des best-sellers du New York Times *L'incontestable pouvoir de la grâce, Pleins feux sur votre vie, Prenez le temps de choisir votre vie* et *Reprenez votre vie en main*. Elle dirige plusieurs groupes importants sur le web tels que **www.cherylrichardson.com** et **www.facebook.com/cherylrichardson**, qui ont pour vocation d'aider les gens dans le monde entier à améliorer leur qualité de vie.

Achevé d'imprimer en septembre 2018
par la Société TIRAGE - 91941 COURTABŒUF

Dépôt légal : février 2012

Imprimé en France